U0928071

高标处世
低调做人

GAOBIAO CHUSHI
DIDIAO ZUOREN

张振学◎著

中国商业出版社

图书在版编目（CIP）数据

高标处世 低调做人/张振学著.—北京：中国商业出版社，2004.9（2021.12重印）
ISBN 978-7-5044-5218-4

Ⅰ.高… Ⅱ.张… Ⅲ.人生哲学—通俗读物 Ⅳ.B821-49

中国版本图书馆CIP数据核字（2004）第093639号

责任编辑：林 海 刘万庆

中国商业出版社出版发行
010-63180647 www.c-cbook.com
（100053 北京广安门内报国寺1号）
新 华 书 店 经 销
三河市宏顺兴印刷有限公司印刷
* * *
880毫米×1230毫米 32开 9印张 170千字
2005年1月第1版 2021年12月第2次印刷
定价：49.00元
* * * *

前　言

台湾有位人生专家说过，人一生中能够确立自身根基的事不外乎两件：一件是做人，一件是处世。而历览古今，纵观中外，最能保全自己、发展自己和成就自己的人生之道便是：高标处世，低调做人。所谓“捧着一颗心来，不带半根草去”“以出世的精神做入世的事情”，就正是这一标准的生动注解。我们翻阅历史，注目现实时，往往还会发现：大凡高标处世者，其做人的基调都很低；大凡低调做人者，其处世的标准都相当高。于是就产生了一种奇妙的因果：越是低调做人者，往往越能成就大事；越是功成名就者，往往越是低调做人的典范。

诚然，高标处世不仅可以激发人的志气和潜能，而且可以提升做人的质量和层次。高标处世者，其步履必然积极而阔大，其成事必然顺理而成章，其人生必然恢宏而壮丽。

而生活在世间，行走于社会，既做事，就不能自外于人，自外于人无异于自绝生路。而自绝生路者，又能做成何事？因此，欲成事者必要见容于人，进而为人们所悦纳、所赞赏、所钦服，这正是人能立世的根基。根基既固，才有枝繁叶茂，硕果累累；倘若根基浅薄，便难免枝衰叶弱，不禁风雨。而低调做人就是在社会上加固立世根基的绝好姿态。

低调做人既是一种姿态，也是一种风度，一种修养，一种品格，一种智慧，一种谋略，一种胸襟。低调做人不仅可以保护自己、融入人群,与人们和谐相处,也可以让人暗蓄力量、悄然潜行,在不显不露中成就事业;不仅可以让人在卑微时安贫乐道,豁达大度,也可以让人在显赫时持盈若亏,不骄不狂。

低调做人就是用平和的心态来看待世间的一切。修炼到此种境界,为人便能善始善终;便能宠辱不惊,看庭前花开花落;便能去留无意,望天上云卷云舒;便能贫贱不能移,富贵不能淫,威武不能屈。

低调做人,高标处世,我们便能获得一片广阔的天地,成就一份完美的事业,更重要的是,我们能赢得一个涵蕴厚重、丰富充沛的人生。有鉴于此,我们做人的焦虑和处世的惶惑也就能够冰消雪释了。

作　者

2005年1月于北京

目 录

第一章 高标处世与低调做人

低调是一种风度，高标是一种气魄。懂得高标处世，善于低调做人，不仅是体面生存和尊严立世的根本，也是赢得人生、成就事业的最佳姿态。高标处世必以低调做人为基点，因为低调做人既可处逆又可处顺，既可韬晦又可精进，实可为圆熟睿智的处世哲学。

第二章 低调做人的印象特征

有人把世间之人分为“上九流”和“下九流”，这其中有什么道理吗？有！看看那些跻身于“上九流”的人，大都是低调做人的典范。越是能保持此一本色的人，则越能得大成、成大器、至大尊。

第三章 低调做人是最理智的世态平衡艺术

在这个无处不充满竞争的社会里，没有人甘愿成为弱者，一旦看到某人突然在自己的视线里出头了，一些诸如嫉妒、不服、牢骚、怨怒，甚至讥讽、作祟等消极反应可能由此而生。如果出头者谦逊行事，低调做人，保持和大家平起平坐的姿态，就能在一定程度上消弭社会的不平衡心态。

第四章　低调做人是最高明的韬光养晦艺术

《红楼梦》中评论薛宝钗：罕言寡语，人谓“装愚”；安分随时，自云“守拙”。薛宝钗的装愚守拙总要比林黛玉的任性逞才容易被人接受、容易赢得别人的好感，所以，不轻易暴露自己的目标，不轻易表现自己的锋芒，不失为一种韬光养晦和保全自我的处世哲学。

第五章　低调做人是最隐蔽的养精蓄锐艺术

人人都有在社会上充分展示自我和张扬自我的愿望，但对自我的展示和张扬要基于足够的能力和能量。人常说：“要想人前显贵，须得背后受罪”、“台上三分钟，台下十年功”，没有在“背后”和“台下”的艰苦磨砺和低调历练，是不可能“一飞冲天”和“一鸣惊人”的。

第六章　低调做人是最老到的匍匐前进艺术

在战斗中，战士们为了缩小自己的外露目标，总要采取隐蔽或匍匐前进的姿势，这样就不易被敌人发现，减少伤亡概率。在商场上、职场上有时也需要匍匐前进，如果你过分暴露自己，就会遭到对手攻击。

第七章 低调做人是最绝妙的明哲保身艺术

知进而不知退，善争而不善让，定然会招来灾祸。殷鉴不远，历史的教训依稀还在发出深深的叹息。所以司马光在《资治通鉴》中才发出“汉三杰而已，萧何系狱，韩信诛夷，子房托于神仙”的慨叹。

第八章 低调做人是最沉稳的中庸平和艺术

中庸哲学提倡做人既不锋芒毕露，也不卑微猥琐，关键是在上与下、高与低、强与弱、显与藏、进与退之间选择一种适当的、中和的处世之道，并贯彻实践到具体的人生过程当中去。

第一章
高标处世与低调做人

低调是一种风度，高标是一种气魄。懂得高标处世，善于低调做人，不仅是体面生存和尊严立世的根本，也是赢得人生、成就事业的最佳姿态。高标处世必以低调做人为基点，因为低调做人既可处逆又可处顺，既可韬晦又可精进，实可为圆熟睿智的处世哲学。

1.低调做人是高标准要求自己的必然

低调做人是一种境界，一种风度，一种修养，一种去留无意的胸襟，一种宠辱不惊的情怀。甘于低调做人者，总能以平常心面对喧嚣的世界，纷扰的人群，在为人处世上从不表现出骄慢、卖弄和过分张扬的姿态来，而是把自己的举止言行融于常人当中，并始终把自己看作社会上普普通通、实实在在的一员。这不仅是一种做人的标准，也更是一门做人的艺术。

低调做人是步入社会的必然要求

除了无行为能力者外，我们绝大多数人都迟早要融入社会生活中去，那么，我们在社会上如何才能做到既生活得坦然、潇洒，又行走得游刃有余，避免遭受打击和伤害呢？要知道，我们所面对的这个社会有着各种各样的条条框框，你只有符合了这些条条框框的要求，才有资格跨进社会门庭，实现壮丽人生。

孟买佛学院是印度最著名的佛学院之一。这所佛学院之所以著名，除了它的建院历史久远、辉煌的建筑和培养出了许多著名的学者之外，还有一个特点是其他佛学院所没有的。这是一个极其微小的细节，但是，所有进入过这里的人，当他再出来的时候，几乎无一例外地承认，正是这个细

节使他们顿悟，正是这个细节让他们受益无穷。

这是一个很简单的细节，只是许多人都没有注意：孟买佛学院在它的正门一侧，又开了一个小门，这个小门只有一米五高、四十厘米宽，一个成年人要想过去必须学会弯腰侧身，不然就只能碰壁了。

这正是孟买佛学院给它的学生上的第一堂课。所有新来的人，教师都会引导他到这个小门旁，让他进出一次。很显然，所有的人都是弯腰侧身进出的，尽管有失礼仪和风度，但是却达到了目的。教师说，大门当然出入方便，而且能够让一个人很体面很有风度地出入。但是，有很多时候，我们要出入的地方并不都是有着壮观的大门的。这个时候，只有暂时放下尊贵和体面的人，才能够出入。否则，有很多时候，你就只能被挡在院墙之外了。

佛学院的教师告诉他们的学生，佛家的哲学就在这个小门里，人生的哲学也在这个小门里，尤其是通向这个小门的路上，几乎是没有宽阔的大门的，所有的门都是需要弯腰侧身才可以进去的。

我们不全是佛教徒，但我们同佛教徒一样，要走完自己的人生之路。要使自己在人生旅途中一帆风顺，少遇挫折，学会“弯腰、低头、侧身”，对每个人来说都是一门必不可少的修炼。而低调做人正是这种修炼的最佳境界。

有一位哈佛大学毕业的经济学博士来到墨西哥海岸度假。一天，一位渔民从一条小渔船上下来，拎着几条大海鱼，看到了这位博士便热情地邀请他到家中做客。这位渔民的妻子烹制了非常可口又别具风味的小吃，又邀来几位邻居与这位博士小酌,博士感到从未有过的惬意。高兴之余,他对这位渔民说,我是学经济的博士,我可以帮助你致富并出人头地，他说:“你可以每天多打些鱼，除了自己吃还要去卖。”渔民说:“卖了钱做什么呢?”博士说:“钱攒多了就可以再买一条船去捕更多的鱼,卖更多的钱。”渔民说:“钱多了做什么呢?”博士说:“钱足够多了,你就可以组织一个船队去捕鱼,然后就不卖鱼了,自己成立一个鱼罐头加工厂,自己当老板,那时你就能挣到更多的钱了。”渔民又问博士说:“以后我还做什么呢?”博士说:“以后你当上大老板,就不用再辛辛苦苦地操心了,你就可以时常回到家中,同几个朋友在凉爽的海滩旁烹上一条鲜鱼,喝点美酒,抛开商场上、官场上的争斗，回归到平淡和自然中来，那时你是多么幸福啊！”听到这,渔民问博士说:“你说的那种结局是不是就像我们现在这样呢?”博士喝了口酒想想说:“是的,是的。”

最后这位渔民说:“我们这里曾有出去寻找出人头地的人,但没见过有出人头地的人回来,我们这样的生活已经有几代人了,却也是怡然自乐。”

这不是寓言故事,是美国经济学博士波奇的一段亲历。后来他说,他最向往的就是墨西哥渔民那样的生活。

这位墨西哥渔民的姿态，就是一种低调做人的哲学透镜,它反射出一种朴素的平和与自然的情调,并在出世与入世的平衡中,向我们提供了低调做人的终极启示。

低调做人是为人处世的基本姿态

在现实社会中,你可能是一位大权在握的政府官员,一位叱咤风云的统兵将领,一位财大气粗的企业老板,一位才高八斗的专家学者,一位如日中天的艺术明星,一位惹人艳羡的名家大腕,在你的行当里威风八面,一呼百应,你光彩照人,风光无限。但即便如此,更多的时间你仍要与同事、下级、同学、邻居及许许多多的平常人相处。这些平常人更关心自己的工作是否稳定,生活是否有保障,家庭关系是否和谐。也正是这个基本群体构成了社会的绝大多数,并给我们的生活提供了常规的色彩。我们个人能否融入其中,在于我们处世格调和姿态的高下, 在于我们是否甘愿与世界站成一个平面,融成一个群体。

富兰克林被称为美国之父。有一则故事说:他年轻时,应一位老前辈之约,昂首挺胸地走进一座低矮的小茅屋,一进门,"砰"的一声,他的额头撞在门框上,青肿了一大块。老前辈笑着出来迎接说:"很痛吧?你知道吗?这是你今天来拜访我最大的收获。一个人要想洞明世事,练达人情,就必须时刻记住低头。"富兰克林记住了。富兰克林成功了。

在深圳的众多雕塑中有一头牛,它的一个显著特点就是低着头。那么我们又何必面对社会昂首挺胸、牛气哄哄呢?低调做人,就是在为人处世时摆正自己的位置,低调一点,谦虚一点，友善和气，甘于让人，甘于与人平起平坐。

“国际级影星”章子怡，虽是身单力薄，也无花容月貌，但上镜后却光彩照人，演技非凡，赢得好评如潮。

大明星戏演得好，生活表现其实也不赖。据说有一次她在香港拍片时，忙里偷闲，乘着夜色，与一位助手徒步到一家很不起眼的小店，做皮肤保健按摩，小费也仅付了区区几元钱。走后，店家方知，那位有点“抠门”的女孩，原来是使小店蓬荜增辉的贵客。此事曝光后，不料有媒体却认为“国际明星”如此“节约”，连店员都迷惑和“不屑”了，进而讥之为“老土”，结论是“章子怡香港丢人了”。

此言差矣。章子怡此番轻车简从，不事张扬，素面朝天，十分节俭地做了一次其他明星也许要花成百上千元的美容按摩，实在难能可贵，令人刮目相看，应该嘉许才是。而且，她的这种“土”风，还不是偶一为之，据称已多有纪录。作为一名大腕，不显摆，不夸富，不逞强，不骄人，这年头上哪儿找去！她的派头是不够大，消费标准也不够高，小费似乎有点“拿不出手”。但，这又有何不可？市场经济嘛，服务档次和收费标准相一致，天经地义，小费也应作如是观。重要的是，章子怡的这种平民心态，谨言慎行，入乡随俗，才是生活中明星真实的一面，才是洗尽铅华后的素朴，不事雕琢的大家风范。这哪里是什么“丢人”，分明是喜人。比之于那些乘飞机抢头等舱，住宾馆必得几星级，绯闻满天飞，一言不和拔拳相向等所谓明星做派，章子怡的“老土”表现，不是更有人情味吗？章子怡何尝不明白，香港阔佬大亨有的是，她想一

掷千金万金,还愁找不到地方?作为"国际明星",她完全有条件潇洒走一回,到豪华气派的店里去消费,反正千金散尽还复来。也可宝马香车,前呼后拥,睥睨众生,气焰嚣张。还可以找来枪手,吹吹打打,弄些"花边",吸引人们的眼球。但她既不端明星架子,耍大腕脾气,更不刻意炒作,弄得风生水起,而是温温婉婉,状若邻家女孩,将平淡真我示人。一流的明星平民的作风,精心从艺低调做人,能够如此立身行世,不能不是成熟厚重的表现。

2.高标处世是低基准起步立身的开始

要学会把自己的姿态摆得比别人还低,让自己的心志站得比别人都高。前者是低调做人的训诲,后者是高标处世的必然。为自己设定高远的目标,严格要求自己,从小处着手,从低处起步,这样一点一滴地做起来,才能使自己在这个世界上走出壮美的人生。高标处世是抵达成功的必然要求,而低调做人则是规避失败的韬晦手段。所以,高标处世和低调做人并非一对矛盾,而是一脉相承、互为表里、相得益彰的。

高标处世是踏入社会生活的起点

因为人的能力有高低之别,对社会的贡献有大小之异,于是现实社会中就有了所谓的"小人物"和"大人物"的区分。

“卧薪尝胆”的故事人们早已烂熟于心，其实，这也是一个低调做人的典范，是一个重新确立自己的处世姿态并从低基点起步发愤的惊警案例。

公元前494年，吴王夫差为报越国杀父之仇，亲率大军进攻越国。越国勾践率军迎战，在夫差对阵。结果吴军得胜，顺势攻破越国国都会稽，俘虏了越王勾践。

吴王夫差为了实现霸业，显示自己的宽宏大量，决定不杀勾践，只派他在吴国的宫里养马。勾践带着夫人和相国范蠡天天小心谨慎地为吴王当马夫。有一次，吴王夫差生了一场大病，勾践殷勤服侍。夫差见他如此“忠诚”，就放勾践回国。回国后，勾践一心要报仇雪耻。他重新定都会稽，委派文种管理内政，任命范蠡训练军队，加强战备。

勾践唯恐眼前的舒服会把自己的志气消磨掉，就改变了日常生活，把软绵绵的褥子撤去，拿草当作褥子。在吃饭的地方挂上一个苦胆，每逢吃饭时，先尝一尝苦味。这就叫“卧薪尝胆”。亡国以后，人口减少了，为了增加人口，勾践就订出几条奖赏生养的条例。例如：上了年纪的人不准娶年轻姑娘做媳妇；男子到了二十岁，女子到了十七岁，还不成亲的，他们的父母要受处罚；快要临盆的女人，必须报官，好派官医前去照顾她；添个儿子，国王赏她一壶酒，一头猪；添个姑娘，国王赏她一壶酒，一头小猪；有两个儿子的，官家给养一个；有三个儿子的，官家给养两个。耕种的时候，越王还亲自拿锄头在地里干活，目的是让庄稼汉提起精神，加把劲种地，多存粮食。国王的夫人也走出去，看望织布纺线的姑娘和老人们,没事时,自己也在宫里织布。七年里,国家免收捐税,越王自己穿衣、吃饭也处处节省。

而此时吴王夫差却自以为成了霸主,骄傲起来,一味贪图享乐。

公元前482年,夫差带着精兵去黄池会盟,一心想早日成为霸主。这时,越国已十分强盛了。勾践见时机已成熟,便乘机出兵打败了吴国,成为春秋末期的霸主。

由此可见,低调做人不仅可以自励,而且也可以励人。它是高标处世的内敛和修炼,也是成就大业的基础和前提。

高标处世是取得事业成功的前提

高标处世有时可以表现为高标准要求自己,有时也可以表现为高目标黾勉奋进。

一个没有目标的人就像一艘没有舵的船,永远漂泊不定,只能搁浅于失望、悲怆和沮丧的海滩。美国前财务顾问协会的总裁刘易斯·沃克曾接受一位记者采访,记者问道:“到底是什么因素使人无法成功?”

沃克回答:“低劣廉价的目标。”记者要求沃克进一步解释。他说:“我在几分钟前就问你,你的目标是什么?你说希望一生中可以拥有一栋山上的小屋,这就是一个低劣廉价的目标。问题就在于你的目标不够高远,因而成功的机会也就不大。”

“如果你真的希望在山上买一间小屋,你必须先设定一个更高远的目标,成就一番事业,赚到足够的钱,那时对山上的小屋,你就不是仰视它,而是在俯瞰它了。因为你已经比它更高了。”

大凡聪明的人,都是有理想、有追求、有上进心的人,他们心目中一定都有一个明确的奋斗目标,一个较高的处世标准,他们懂得自己活着为了什么。因而他们的所有努力,从整体上来说都能围绕一个比较高远的目标进行,他们知道自己怎样做是正确的、有用的和有效的。否则就是做了无用功,或者浪费了时间和生命。

显然,成功者总是那些目标高远的人,鲜花和荣誉从来不会降临到那些没有目标或目标低廉的人头上。

许多人怀着羡慕、嫉妒的心情看待那些取得成功的人,总认为他们取得成功的原因是有外力相助,于是感叹自己的运气不好。孰不知成功者取得成功的原因之一,就是高标处世,低调做人!

一个人有了明确高远的奋斗目标,也就产生了前进的动力。因而目标不仅是奋斗的方向,更是对自己的一种鞭策。有了目标,就有了热情,有了积极性,有了使命感和责任感。

高标处世的人,会感到自己心里很踏实,生活很充实,注意力也会神奇地集中起来,不再被许多繁杂的事所干扰,做什么事都胸有丘壑。可以说,高标处世是人生中若干目标的总汇,是人生一切行为标准的高度集合。

第二章
低调做人的印象特征

有人把世间之人分为“上九流”和“下九流”，这其中有什么道理吗？有！看看那些跻身于“上九流”的人，大都是低调做人的典范。越是能保持此一本色的人，则越能得大成、成大器、至大尊。

1.不卑不亢谓之低调

做人最佳的姿态是什么?圣者云:不卑不亢!

有道是“真山真水堪游历,不卑不亢好做人”,不卑不亢的精义在于保持自然本色,质朴、贞正,无铅华之奢;敦厚、高洁,无低媚之相。置身熙来攘往的世界,不以物喜,不以己悲;面对沉浮不定的人生,宠辱不惊,贵贱不移。得意时,依然示人于“真之我”;失意时,依然示人于“我之真”。看世间云谲波诡,绝不戴一副假面具;任社会尔虞我诈,偏保留一份真良心。跻登泰山之巅,虽能居高望远,依然视己为平常之人;足陷渊谷之底,虽有污泥染身,照旧视己为高洁之士。世道无常,而处世依然故我,我则常在;人心纷繁,而待人返璞归真,真则永恒。不卑不亢是做人的常态,以此态为之,则既可处逆亦可处顺,既可就高亦可就低,胜不骄败不馁,富不奢贫不屈。拥有此等境界,做人则坦荡无悔,处世则常胜不败。

千万要摆脱“低人一等”的感觉

人生最可怕的事情是不能正确地看待自己：要么把自己看高了,要么把自己看低了。前者会使自己变成“大事做不来,小事又不会做的多余人”,后者会使自己妄自菲薄,缺乏直面社会和直面人生的勇气。两种情形皆会致人于危险尴尬的境地。其中看低自己尤其可怕，总认为自己不如人高贵，不如人貌美，不如人命好，就难免会产生低人一等、矬人半截、矮人三分的感觉。而人心又总是如此欺负人：你越是那样想，便越是那样表现，便越是显出一副卑怜相，这在无形中也就“灭了自家威风，长了他人志气”。本来彼此平等的双方，就因为自卑心理在作怪，一下子把自己降辈为“孙子”，而认对方作起“爷爷”来了。这样为人，这样处世，岂有不败之理？所以，做人一定要从“低人一等”的误区中走出来。

假如，你为了谋一份差事而去拜访某大公司的经理，你先要明白一个原则，就是：虽然你去谒见的可能是一个身份颇高的人物，而且又是你有求于他，但求不求在你，应不应在他，他仍是被动的。如果你与某一个人交往和办事时，心理上总有“我正在求你”的感觉，那么你会变得神经紧张，一切出于不自然。这时需要迅速调整自己的自卑心理，以平常心待之，使自己的感觉处在最佳状态。

李白有一句诗，道是：“安能摧眉折腰事权贵，使我不得开心颜！”如果面对“权贵”心生畏惧而自卑，那么你就不可能使自己大方果断起来，能做成的事也难以做成。所以我们在平时就应该摆正自己的位置，只要我们将心理上的那份胆怯收起来，充分显示出足够的自信，就会在处世过程中从容自如，游刃有余。

有一位大学生在向一位心理医生求诊时叙述道：“我是

个在校的大学生,多年来我一直为自卑的情绪所困扰,在班上我最怕发言,更怕老师点我的名,也怕别人注意我。在人多的场合,我怕讲话,老是觉得自己不如别人。我也曾试图改变自己,可是却总是心理紧张,说话结结巴巴,常引起别人的耻笑……现在我常常自觉不自觉地待在角落里, 我对自己越来越没信心了……” 这位大学生就是没有主动去锻炼自己,他虽然已经认识到了自己的自卑,但是如果不改变这份自卑心理,他的生活仍然是黑色的。

在心理咨询中, 我们常常会碰到这种认为自己一钱不值的自卑的人。如果你仔细观察,这种为自卑所累的人,基本上有两个突出的心理特征:

一是过高的内心期待心理。这种人想得太多、太细,总想在别人面前留下好印象,能够得到别人的认可和好评,因而也就特别注意自己的形象和别人对自己的评价。其实,过分期待一种希望并没有什么不对,因为每个人都有虚荣心,但问题是如何来对待这份虚荣。如果为了满足这份虚荣而去伪装,那么就极有可能将自身最有价值的真实抛弃了,这样的人也就会在为人处世过程中束手束脚, 无法展现自己的真实能力。

二是自信心理障碍。这类人看问题总是看到自己比别人差的一面,看到自己不如意的方面。因而易产生多疑多虑的心理障碍, 这种心理障碍常常表现在对自己的高欲望和低信心所造成的心理落差上。这种落差,不仅容易使自卑者产生焦虑,同时还会令他十分敏感,对他人的言谈、行为、眼

光等都十分留心，稍有一点怀疑便与自己联系起来，无端地认为别人在议论自己，以致变得越来越怯懦，越来越自卑，最终走向自我封闭，逃避正常的交往，丧失社交能力。

如何才能克服自卑呢？首先你必须正确认识、分析自我，正确认识自己的长处和短处，清楚自己的优点和缺点。用自己的短处去比别人的长处，你会永远觉得自己"技不如人"，用自己的长处去比别人的短处，你就会信心十足，这样便可以强化你的自信。

人的价值主要是通过自身的努力而达到或可能达到的最大限度，而不是也不可能追求到绝对的完美无缺。因此，要学会正确对待自己的缺点，它是达到自我完善的第一步，也是极其重要的一步。只有学会正视自己，才能达到自我完善，也只有达到自我完善，才能在为人处世过程中应付自如。

在为人处世时由于自卑而出现的怯懦与紧张虽然是由内在素质所决定的，但如果有意识地运用一些技巧来克服，还是会起到一定作用的，下面仅举几例供读者参考。

——开口时就声音洪亮，就不会怯场。

——服装方面，如果有一件较豪华的衣服，你也许会有一种自我欣赏感，增加自信心。

——办事之前，如果遇到不愉快的事，要利用很短的时间，使自己的心情转为愉快。

——对方可能令你怯场时，设法提早到达办事地点。

——保持眼睛的高度跟对方等齐，精神压力就会减轻不少。

——选场所最好选择自己熟悉的地方，如果办不到，至少也要选择双方都不熟的地方。

——把关键问题提早说出来，紧张感就会缓和。

——告诉自己："我紧张、不安，对方也会与我产生同样感觉。"这样，你的心理会坦然些，也会增加勇气。

——告诉自己："他与我一样，不过是个平凡的人。"这样就不会使你被对方的社会地位或头衔吓住。

——当你忽然被对方的问题难住，要立刻反过来问对方有关的另一个问题。

——发现自己说错了话，就立刻在脑海里想起与此全然无关的事情。

——发现自己很紧张，你就使所有动作缓慢下来。

总而言之，无论和什么人打交道，无论遇到什么事情，你尽管大着胆子去做。胆大漂洋过海，胆小寸步难行；没有良好的自信心，没有敢于试一试的胆量，必将一事无成。

自视"高人一等"就是自冒被孤立的风险

一个人要想孤立自己并不难，只要自视高人一等就足以奏效。昂起高傲的头，让自己的心态从别人的头顶上游离出来，感觉上固然有些飘飘然，但从此也不再为人所看重、所欣赏、所亲近，这种受自傲心理所累的人同受自卑心理所困的人在与社会的融合方面，效果是一样的，都不会获得好的结局。所以，要想从高傲自大的误区中走出来，就必须首

先学会真诚地关心别人。

这也是西奥多·罗斯福异常受欢迎的秘诀之一。罗斯福是个使仆人都喜爱他的人。他的那位黑人男仆詹姆斯·阿默斯就曾写过一本关于他的书，取名《西奥多·罗斯福——他仆人的英雄》，阿默斯在书中写了这样一段富有启发性的话：

“我妻子有一次问总统关于鹑鸟的事，因为她从未见过鹑鸟，于是总统详细地描述了一番。不久以后，一天，我们小屋里的电话铃响了。我妻子拿起电话，才知道是总统本人打来的，他特意来告诉她，我们屋子窗口外面正好有一只鹑鸟，如果她往外看，就能看到。罗斯福时常做这类小事。每次他经过我们的小屋，如果看不到我们，他就会轻轻地叫着‘呜、呜、呜，安妮！’或‘呜、呜、呜，詹姆斯！’。这是他表示友好的一种招呼习惯。”

仆人怎能不喜欢一个像他这样的人呢？任何人都不会不喜欢他。

有一天，卸任后的罗斯福到白宫去。不巧的是，塔夫脱总统和夫人都不在。这时，他那种真诚对待身份卑微的人的态度完全体现出来了：他同所有的白宫旧仆人打招呼，而且能叫出每个人的名字，连厨房里的姑娘也不例外。

当他见到厨房的阿丽丝时，问她是否还烘制玉米面包。阿丽丝回答，她有时为其他仆人烘制一些，但是楼上的人都不吃。

“他们的口味太差了，”罗斯福颇为不平，“等我见到总统的时候,我会这样告诉他。"

阿丽丝端出一块玉米面包放在盘子上给他,他一面吃着一面向办公室走去,经过园丁和工人的身旁时,还不断跟他们打招呼……

"他对待每一个人,还和以前一样。"仆人们互相低声讨论着。而一名叫艾克·胡佛的仆人眼中含泪地说:"这是近两年来我们唯一的愉快日子,我们任何人都不愿拿这个美好的日子去换一张百元钞票。"可见,大人物之所以成为大人物,就是因为他们永远不会受到孤立。

另外,对别人的事情感兴趣才能使别人对自己感兴趣。正是由于这样的性格,使得查尔斯·伊里特博士成为有史以来最成功的一位大学校长——他从南北战争结束后到第一次世界大战前五年,一直担任哈佛大学校长。下面是伊里特博士做人做事的一个例子。有一天,一个名叫克立顿的学生到校长室去借50美元的学生贷款。这笔贷款被批准了。"当我万分感激地致了谢,正要离去时,"——克立顿自己叙述道——"伊里特校长说:'请再坐会儿。'然后他对我说:'听说你在自己的房里亲自做饭吃,只要你所吃的食物适当、分量足够,我并不认为这是坏事。我念大学时也这样做。你做过牛肉狮子头吗?如果把牛肉煮烂,就是一道好菜,因为不会浪费。我当年就是这样做的。'然后他就耐心地教我怎样做牛肉狮子头吃。"

一个人真诚地对别人感兴趣的话,即使是极为忙碌,也可以表达关心,使人获得帮助。

还有一位大人物更具传奇色彩：

法国的巴黎是一座美丽的花园城市，花园城市的美丽离不开园丁的辛勤劳动。

巴黎以她的美丽和古老的欧洲文明迎接着来自世界各地的游客。

一天,一位美国的阔太太来到这座城市游览。她在林荫道和草坪中散步时,忽然看见一个老头儿正在花坛里浇水。他是那样内行,那样勤恳操劳,他那一丝不苟的姿态,足以证明他是个上等的园丁。美国阔太太有一座私人花园,她想,这位法国老头儿真是百里挑一的好园丁。在美国恐怕出高价也很难找到,现在既然有幸碰上了,为什么不带他到美国去呢?

于是她问那位老头儿,愿不愿意赴美国去做她的园丁,她可以给他高于法国三倍的工资,还可以负担他的旅费。为了说服老头儿,她又把美国吹嘘了一番。仿佛那儿遍地是黄金,外国人去了人人都能发财。

"夫人,"老头儿很有礼貌地回答说,"真是不巧得很,我还有另外一个职务在身,一时离不开巴黎。"

"你统统辞掉吧！这些,我都会给你补偿的。你除了园丁，还兼职干什么工作呢？是兼营副业？是送牛奶还是养鸡?"

"都不是，"老头儿微笑着说,"我希望人们下次不要再选我,我就好来接受你给的美差了。"

"选你做什么呀？"

“选我当……”

“你是……”

“我就是安里,我这个园丁兼着法国总统。”

这些伟大的人物用自己的行动表示了，他们从未把自己同普通人区别开来,他们都是下意识、不自觉地就把自己的言行定格在低调做人上了，他们堪称是天欲降大任给他们的人。

2.不骄不躁谓之低调

不骄不躁主要体现在做人的性格上，骄躁作为人的性格特征,具体表现为:目中无人、眼中无物、性情暴戾、处事急躁。骄躁影响人际关系和个人命运。三国时的关羽和张飞,无疑是两位大丈夫、大英雄,而他们的结局却是一个死于骄傲、一个死于暴躁,这显然给我们提出了足以引起警戒的人生训诲。

骄躁既不利于处世,也会给自身带来危害,这样的例子可谓俯拾即是。

骄躁是不成熟的表现

中国的传统文化素来鄙视傲慢,崇尚平等待人。一般来说,知识越多,学问越广的人就会越谦虚;文化越低,气量越小的人就会越傲慢。被奉为千古宗师的孔子说过这样的话:

不要强不知以为知,要知之为知之,不知为不知。三人行必有我师。须知谦逊的态度会使人感到亲切;傲慢的架子会使人感到难堪。

与人交往一定要做到平等待人。平等待人是个人品格修养的天平。待人切忌“势利眼”。古人说“不谄上而慢下,不厌故而敬新”,就是告诉我们待人时不应用卑贱的态度去巴结逢迎有权势、有钱财的人,更不能怠慢经济条件较差、社会地位不高的人。人本无高低贵贱之分,每个人都有自己的人格,人格作为人的一种意识和心理深深地附着在人的身上,并应时时加以维护。人格的基本要求是不受歧视,不被侮辱,不被轻慢。

法国已故总统乔治·蓬皮杜一生中酷爱诗,他对诗的造诣颇深,曾用闲暇时间汇编了一部《法国诗选》。作为一个政治家,蓬皮杜还喜欢把诗当作一种武器运用于政治斗争中。他与对手论战或会谈,不时引述一些绝妙的诗句让对方上套或自我解围。他任总理期间,在一次会议上,当一些人气势汹汹地指责他受戴高乐总统摆布,嘲笑他不过是戴高乐的一个走卒时,他不慌不忙地用法国诗人斯卡隆的几句诗答:

“我看见一个马车夫的影子,
手中拿着一把刷子的影子,
在拂试一辆马车的影子。”

他莞尔一笑说道:“我也不过是一个幽灵。”

听到这里,人群中爆发出一阵笑声。剑拔弩张的紧张气氛顿时缓和下来了。

“但未来从来不属于幽灵！”蓬皮杜不失时机地把话锋一转：“如果有一天我们主张把全部权力都交给对议会负责的总理，那么我们立即就会回到第四共和国，回到共和国险遭灭顶的多党制上去……独裁政权吗？决不是。总统权力是受限制的，他必须与政府意见一致。”“同样，总理关于总的政治路线方面也必须与国家元首一致。因为如果在基本问题上观点不同，政府机器就不能平稳顺利地运转。”蓬皮杜从容不迫地结束了自己的雄辩。人群报以热烈的掌声。

面对着围攻与嘲弄，气急败坏、暴跳如雷，不仅无济于事，反而会授人以柄。蓬皮杜的办法是心平如水，不慌不忙，以理服人。一上来，他朗诵了几句诗，颇让对手迷惑不解。接着，他坦率承认自己是诗中意义上的“影子”，使对手误以为他不得不赞同他们的观点，对抗气氛就松懈了。紧接着，他转入反攻，顺势阐述了自己的观点，不卑不亢，落落大方。其高超的辩才令人折服。

就蓬皮杜当时的职务而言，也仅次于总统，权势不可谓不大，他对批评他的人也不是没有能力进行反击，甚至是打击，但他采取的却是成熟的、理智的、不骄不躁的应对策略。这正是一个成熟政治家的宏韬大略。当然这也是我们在各种场合下都应采取的处世态度。

狂躁者徒有大志

俗话说，一口吃不成胖子，一锹掘不出水井。做任何事

情都需要一个过程，焦灼浮躁、狂悖鲁莽的情绪不仅于事无补，而且欲速则不达，甚至导致南辕北辙的后果。而从大处着眼，从小处入手，脚踏实地地一步步做起，聚沙成塔，集腋成裘，才是做人做事的必由之路。

你如果感到十分烦躁，请运用你的想象力，努力使自己深深潜入一个宁静的身心环境。一位朋友说："当我感到纷乱的时候，我就努力想象小河岸边那片宁静的风景胜地，它常使我的紧张和烦躁情绪消退许多。"

做个有耐心的人不容易，做到平心静气是一种境界、一种气度和修养。

人生在世，谁都会有不顺心的时候，也有逆境的时候，这也是促使自己身心成熟，准备宏图大展的机会。说到底，这之中最关键的是要沉着地等待时机，不急不躁，就像《菜根谭》中所讲的那样"伏久者飞必高，开先者谢独早，如此，可以免蹭蹬之忧，可以消躁急之念。"长久潜伏林中的鸟，一旦展翅高飞，必然一飞冲天；迫不及待绽开的花朵，必然早早凋谢，了解了这个道理，就会知道凡事焦躁是无用的。对待逆境能忍别人所不能忍，只有抱着这种信念，你才会顺利地走完人生这段漫长的旅程。

大家都知道三国时的猛将张飞。他行军打仗，叱咤疆场，常常令敌军闻风丧胆，可谓是一世英雄。但他性情狂躁，刚愎自用，面对纷扰的世界，很难保持平常人的心态。关公战死后，为了表达失足之痛和报仇雪恨之心，他竟令三军"挂孝伐吴"。只因两员末将范强和张达一时未能筹措到"白旗白甲”，便叱令武士将二人“缚于树上，各鞭背五十。”鞭毕，他又用手指着他们二人，说：“来日俱要完备！若违了限，即杀汝二人示众！”仅仅因为这样一件无关紧要的事，便“打得二人满口出血”。二人因受此大辱，一时气起，竟合计趁张飞醉卧酣睡之机，“近前，以短刀刺入飞腹。”飞大叫一声而亡，时年五十五岁，一员虎将没死在战场上，却因为自己的暴躁性格而惨死在自己人的手下。

在我们的生活中，骄傲、性急、不冷静经常影响我们与周围人的关系，即使是出于无意或者是好意，这种情绪也不易为人接受。由于你的骄傲和狂躁，你的同事、朋友、邻里将远离你、厌恶你，而你自我感觉的“出人头地”，也就成了虚幻的顾影自怜。

因此说不骄不躁也是做人的必修课，而结业的标志就是低调做人。

3.不愠不火谓之低调

不愠不火是一种善于忍耐的处世之道。古人说：“忍人之所不能忍，方能为人之所不能为。”成熟、有修养的人，无不将忍耐作为自己修身养性和为人做事的重要原则。

不愠不火要求一个人在为人处世过程中，要豁达大度，容人之过，宽以待人，不与人争风吃醋，逞强施威。

人在发火时，烧掉的首先是自己

一个人是否具有“豁达大度”之心胸并非小事，它不但关系到我们的工作、学习乃至生命和健康，而且还关系到自身事业的兴衰与成败。

我们生活在社会群体中，人与人之间发生矛盾、产生误解是常有的事。如何处理好这方面的问题，我们的祖先留下了许多闪光的思想和可供借鉴的经验。明代朱衮在《观微子》中说过：“君子忍人所不能忍，容人所不能容，处人所不能处。”而在做人做事上动辄发火使气的人，最终毁掉的不仅仅是自己的风度，还包括自己的前途。

有一个名叫约翰的年轻人到一个海上油田钻井队求职。领班要求他在限定的时间内登上几十米高的钻井架，把一个包装好的漂亮盒子送到最顶层的主管手里。他拿着盒子快步登上高高的狭窄的舷梯，气喘吁吁满头是汗地登上顶层，把盒子交给主管。主管只在上面签下自己的名字，就让他送回去。他又跑下舷梯，把盒子交给领班，领班也同样在上面签下自己的名字，让他再送给主管。

当他第三次把盒子递给主管的时候，主管看着他，傲慢地说：“把盒子打开。”他撕开外面的包装纸，打开盒子，里面是两个玻璃罐，一罐咖啡，一罐开水。他愤怒地抬起头，双眼喷着怒火，射向主管。

主管又对他说：“把咖啡冲上。”年轻人再也忍不住了，“啪”地一下把盒子扔在地上：“我不干了！”说完他看看摔在地上的盒子，感到心里痛快了许多，刚才的愤怒全释放了出来。这时，这位傲慢的主管站起身来，直视着他说："刚才让您做的这些，叫作承受极限训练，因为我们在海上作业，随时会遇到危险，就要求队员身上一定要有极强的承受力。可惜，前面三次你都通过了，只差最后一点点，你没有喝到自己冲的甜咖啡。现在，你可以走了。"

这对约翰来说是一件多么令人遗憾的事啊！

另外，恼怒易发火也容易伤身。人在极度愤怒时，恶劣情绪会导致使人体内分泌发生剧烈变化，产生大量的荷尔蒙或其他化学物，这些都会对人体造成极大的危害。哈力斯特在华盛顿心理实验室作过一个实验，用玻璃管插入冰水中，试验者向管口呼出之气遇冰会凝集于玻璃管中。心理正常者呼出的凝集液透明无色无毒，而暴怒者的凝集液中含有毒素，呼出一小时的凝集液可毒死多人。

恼怒易发火也容易树敌。

不要轻率动怒，置自己或别人于不顾。记住，你反驳了多少人，就有多少人对你不满。

如果你是一个易于愤怒却不善于控制的人，建议你不妨设立一本愤怒日记，记下你每天的发怒情况，并在每周作一个小结。这会使你认识到：什么事情经常引起你的愤怒，了解处理愤怒的合适方法，从而使你逐渐学会正确地疏导自己的愤怒。

与世无争实为与世大争

《菜根谭》中说："路径窄处，留一步与人行；滋味浓时，减三分让人尝。此是涉世一极安乐法。"这话的意思是说谦让的美德。它告诫人们在道路狭窄之处，应该停下来让别人先行一步，有好吃的东西不要独食，要拿一部分与人分享。如果你经常这样想，经常这么做，那你的人生就会快乐安详。所谓谦让的美德也绝非一味地让步，要知道，世间的事物总是相对的，有时候你是让了一步，退了一步，但这可能就是你的进步。即使终身的让步，也不过百步而已。也就是说，凡事表面上看起来是吃亏了，但事实上由此获得的必然比失去的多。

为什么必须谦让呢?因为人人都有自尊心，人人都有好胜心。你要联络感情，就必须处处重视对方的自尊心，而要尊重对方的自尊心，那就必须抑制你自己的好胜心，成全对方的好胜心。比如对方与你有同样的特长或爱好，对方与你争胜斗强，最理智的办法是先让一步，即使对方的技艺敌不过你，你也得先让对方占点上风。当然一味地退让，也许会使对方误认为你的技术不太高明，不是对手，从而引起对方视你为无足轻重的心理。所以，你与他比赛的时候，尽管要谦让，但必须先施展你的相当本领，先造成一个均势之局，使对方知道你不是一个弱者；进一步再施小技，把他逼得很紧，使他神情紧张，才知道你是个能手；再进一步，故意留个破绽，让他突围而出，从劣势转为均势继而从均势转为优势；

结果把最后的胜利让于对方。对方得到这个胜利，不但费过许多心力，而且危而复安，精神一定十分愉快，对你也更添敬佩之心。如果互不相让，最后的结局可能是两败俱伤。

有则寓言说：一天，一只狮子和一只老虎在一条只能让一人通过的山路上相遇，下边是绝壁悬崖。这老虎与狮子向来都自认为兽中之王的，互不买账。这会儿狭路相逢，两个你看我，我看你，谁也没有退回去让对方先过去的意思。老虎心想，要是我一让开，这事被其他动物知道了，我这兽中之王的威风不是从此威风扫地了！要是和狮子硬拼，且不说能否胜它没有把握，就是这么陡峭的山路，只要自己一动，落地不稳就意味着自取灭亡……狮子也在想，过去你这老虎总与我争夺兽中王位，我还没好好教训你，今日狭路相逢，我岂能示弱，否则我这百兽之王的名声算是白给了。

可怜这两个愚笨的家伙为了争一时之气，互不相让，最后谁都挨不住了，就放手大动干戈。才一个回合，就双双坠入悬崖之中，两命呜呼了！

有人可能会说，这因为是兽类不懂得人间道理，才至于此。其实，我们生活中有好多人也并不比老虎狮子聪明到哪里去！该忍的不忍，该让的不让，逞一时之英豪，最后危及己身。这则寓言从反面告诉我们，凡事要用理智来指导你的行动；无关紧要处的较量该让的要毫不犹豫地谦让。这样为人处世，表面上看是退是让，是与世无争，实则是进是保，是与世大争，大争者若无争。

第三章
低调做人是最理智的世态平衡艺术

在这个无处不充满竞争的社会里，没有人甘愿成为弱者，一旦看到某人突然在自己的视线里出头了,一些诸如嫉妒、不服、牢骚、怨怒，甚至讥讽、作祟等消极反应可能由此而生。如果出头者谦逊行事，低调做人，保持和大家平起平坐的姿态，就能在一定程度上消弭社会的不平衡心态。

1.降低优越感可以平和众人心态

对于那些因种种原因而置身于社会底层的人,往往会成为被怜悯的一族或被遗忘的角落；而对于那些跻于较高社会层面的人，大多数人会对他们投以羡慕和钦佩的目光，但另外也有一些人则可能会产生嫉妒和愤恨的心理，这也许是人与人之间关系趋于复杂和紧张的主要原因之一。

而低调做人，放低自己的优越感则可协调这种复杂心理和紧张关系,消弭人们不平衡的心态。

低调做人,简化生活

让自己更优于别人，在地位上和物质上令人羡慕是大多数人追求的目标。也许有缘于此,使得一些人难以安于现状,安于平淡,安于简单生活,甚至因此而使他们失去了低调做人的本色。从这一意义上说,要想做到姿态上的低调,必须首先做到心态上的低调。那么,怎样才能真正表现出低调做人的本色呢?

(1)降低过高的期望

不少人对生活有一些过高的期望：拥有宽敞豪华的寓所;争取更高的社会地位;买高档商品,穿名贵皮鞋;跟上流行的大潮,永不落伍,等等。

简化生活，无疑可以改变这些过高的期望。富裕奢华的生活需要付出巨大的代价，而且并不能相应地给人带来幸福。如果我们降低对物质的需求，改变这种奢华的生活目标，我们将节省更多的时间充实自己。轻闲的生活会让人更加自信、快乐、轻松，并珍视人与人之间的情感，提高生活质量。

(2)改变居住方式

许多人认为拥有豪宅能带给人安全感，比财富、婚姻更为重要。但是，现在随着土地价格的升高，拥有一幢房子需要付出的代价越来越大。其实，如果仔细计算一下得失，想一想生活中其他的乐趣，就会发现它并不像一般人所奢望的那么重要。

现在有许多富翁正在卖掉房子，而改租公寓，当他们想出去旅行的时候，也不再觉得房产是沉重的负担。他们看起来就像是生活朴素而逍遥自在的人。

(3)简化人际关系

在简化生活中，有些事情是容易做到的，例如改变饮食习惯，减少购物等。但调整人际关系，就需付出更多的精力和勇气，因为这涉及到人与人之间的情感，比仅仅面对物质麻烦多了。

低调做人可以省去许多不必要的应酬，像陶渊明那样不必为五斗米折腰。当然，简化复杂的人际关系不像清理房间那么简单，还要学会拒绝。在你开始过简单生活的时候，一定要给自己一个承诺：减少对别人的承诺，不论是对朋友还是家人。如果别人的邀请对你来说是没有吸引力甚至乏味的,就应该学会断然而礼貌地拒绝。

大部分人在整个工作日都很忙,晚上也有一些杂事需要处理,只有周末才能完全由自己支配。要是这时候,有人要你去做一些不相干的事,你就应该果断地拒绝。有一本畅销书《我拒绝!我有罪恶感》告诉我们:“你可以用一些言辞上的技巧,来减少你的承诺,让你可以拥有自己的时间。”因此,你不妨试试在言辞上多下功夫,或许会别有效果。

(4)可以远离无聊的团体

社会上一些无聊团体多是为沽名钓誉而聚成的,他们的活动既浪费时间,又浪费钱财。低调做人,可以远离这些团体的活动,反而会带来更多的轻松和愉悦。

(5)可以放弃你不喜欢的日子

特别是对一些有了名誉和地位的人来说,有一些人或一些单位鬼才知道他们从哪里搞来的那么多名堂,冠以这节日那节日请你去出席,带家人去大吃大喝或者参加聚会。这些无聊的应酬让生活变得匆忙混乱、毫无乐趣而言。如果你能低调做人,不去追逐这些虚荣和所谓的“高雅”,你就会去掉许多烦恼,而更能安逸地享受生活和享受人生。

低调做人可以融洽人际关系

低调做人意味着你放弃了许多架子,放弃了许多充大、装相、张扬和卖弄的虚荣表现,放弃了许多假正经、假道学、假圣人的虚伪面孔。同事、部下、朋友都可以够得到你了,都可以与你平起平坐了,这就使你与大家能有更多的机会相

互沟通、相互融和。

若论富翁，台湾的王永庆可以算做一个人物了，即使在世界企业家行列中，“王永庆”这三个字听起来也是如雷贯耳。王永庆不仅是台湾最大的集团——台塑关系企业集团的董事长，也是台湾工业界的领袖，更是世界闻名的富豪。据美国一家杂志20世纪80年代末期编制的世界超级富豪排行榜，王永庆名列世界第16位。

然而，就是这么一个拥有数十亿美元资产的超级富翁，做人并不张扬，个人生活也节俭到了令人难以置信的程度。在家中，他每天坚持做毛巾操，所用的那条毛巾竟用了20多年，直到实在无法使用为止。家里用的肥皂，即使剩下一小片，也不会丢掉，而是将其黏附在大肥皂上，力求用尽其剩余价值。

王永庆的这种作风，在公司里也同样保持着。他一般在公司里吃午餐。他不搞特殊化，吃的是和一般部门主管一样的盒饭。边吃边听汇报，检查工作。招待客人，并不是到豪华大饭店里去大摆宴席，而是在各分公司设立的招待所里设便饭招待客人。

大企业里的高级管理人员一般都配有轿车，但台塑关系企业集团出于节约的考虑，不但处长级没有配备轿车，就连经理级也没有专车。一旦发现下属有铺张浪费现象，王永庆的处罚是相当严厉的。一次，有4名部门主管因公请了3位客人吃饭，花掉了两万元新台币。王永庆知道这件事后，不但把4位主管狠狠地教训了一顿，还对他们课以重罚。

像王永庆这样的超级富豪，一掷千金对他来说根本就不算什么。但不求奢华，保持常人姿态，可能是王永庆之所以走向成功的重要品质。

佛教说，人的一生就是受苦的过程。我们不能要求每个人都来信奉这个观点，但是，你要谋求发展，就要处处小心谨慎，夹起尾巴做人，把吃苦受累看作很平常的事，这才是一种稳健的心态。

王永庆生活上节俭，但他绝对不是一个守财奴。他创立的长庚医院，收费标准大大低于其他医院。他多次捐款给社会福利和公共事业，而且出手阔绰，毫不吝惜。他曾经一次捐给一家医院2.5亿新台币，用于医院的扩建改造。

王永庆的所作所为不失为一种低调做人的姿态。

低调做人，就是把自己放在了人人平等的氛围中。人是感情动物，他们希望看到你身上的平民气质，而不是金钱和地位，如果你具备和保持这种气质，那么他们的心里就很愿意容纳你和接受你。

2.摆平自己才能摆平人心

社会上绝大多数人都是居于平民阶层的普通人。对于那些居于高位的人，如果不能保持低调做人的本色，就会与大多数人产生距离甚至隔阂，其间就像多了一层隔板，在沟通上构成障碍。所以，从这一意义上

说，地位越高的人，越应该保持低调做人的本色。只有摆平自己才能摆平人心。

不装蒜：与大家平起平坐

要学会低调地处理人与人之间的关系，学会一视同仁，不要厚此薄彼，不要用势利眼和有色眼镜看人和看社会。也不能因外界或个人情绪的影响，对人对事表现得时冷时热。在实际生活中，绝大多数人都愿意接触与自己爱好相似、脾气相投的人，这在无形中也就可能冷落了其他一些人。

因此，要想低调做人就要适当地调整情绪，增加与自己性格爱好不同的人的交往，尤其对那些曾反对过自己的人，更需要经常与他们交流感情，防止造成不必要的误会与隔阂。

有的领导者对工作能力强、得心应手的下级较关心和喜欢，而对工作能力较弱，或话不投机的下级关心较差。这样时间长了，彼此关系就会逐渐疏远，在上下级之间产生距离。

在低调做人方面有些伟人堪称我们的楷模。

由于工作关系，周恩来生前到北京饭店的次数特别多。每次去，他总喜欢在饭店内走动，同店里的领导、服务人员见面，打打招呼，了解他们的工作和生活情况。饭店里所有的职工都对周恩来有一种特殊的感情。和周恩来共事的人，除了把他看成领袖，还会从内心把他当成良师益友。中南海摄影师徐肖冰说：周恩来与人交往时，并不是把自己当作官，恩赐地去“近人”，他发自内心地把自己看作普通人中间的一员。和周恩来谈话，无须“仰着脸”。他不是高高在上，他就在你我中间。

正因为这样，周恩来赢得了所有下属和人民的心。下级人员把他当作自己的亲人，不仅同他谈话，渴望听到他的声音，并喜欢把自己的愿望和要求告诉他，把心掏给他。所以，周恩来能够从下级及人民群众那里听到最真切的话语，获得最多的情感支持。

玛格丽特·杜鲁门在写她父亲杜鲁门总统的传记时也曾多次提到她的父亲低调做人的感人故事：

“父亲不愿意用他办公桌上的铃声下命令，来传唤人，十有九次都是他亲自到助手的办公室去，在偶尔传唤别人的时候，他都会到他的橡树厅门口去接……

“父亲在处理白宫日常事务时，总是这样体贴别人，一点也不以尊者自居。他之所以能够使周围的人对他忠心耿耿，其真正的原因即在于此。”

人人都无法离群索居，你一生都得与人相处。在家庭、学校和社会，你都是其中的成员、分子、角色之一。你必须在你的环境内，与其他人平等融洽地相处，这样你才会拥有幸福快乐的成功人生。

你若想过上快乐的生活，拥有成功的人生，就必须收起那张不讨人喜欢的高傲面孔，翘起嘴角，放松眉头，用你可爱的笑脸去面对世上所有的人。

不炫耀：人们更愿意与你接近

低调做人，也意味着你必须丢掉一些东西，比如身份感、优越感、尊贵感、荣耀感，等等。

电视剧《宰相刘罗锅》中有一段写实很值得人们玩味和思考。

彼时，官道上缓缓驰来两头毛驴，驴后还跟着一个人。众人正收拾东西，谁也没在意。那两头驴竟下了官道，向接旨亭驰来。捕快朱文一见，提着水火棍怒喝道：

“呔，骑驴的瞎眼了。这是接官亭！再要往前走，小心把驴腿打折了。”

不料，走在前面的骑驴人哈哈一笑，说道：

“我就是奔接官亭而来的！”

朱文一怔，仔细打量来人，前边这位，四五十岁模样，瘦巴巴的，虽然穿着长衫，却是一身的寒酸相，至多是个小行商。后边的那位，倒是年轻，却是一身仆从打扮，低眉顺眼，一看就知道是做奴才的。最后那位步行者显然是个赶脚的，脸上布满灰尘，被汗水一冲，横一道，竖一道，像个唱花脸的。朱文大怒：

“大胆刁民，竟敢来接官亭胡闹，不怕吃板子吗！”

他话音未落，后面骑驴的年轻人赶到面前问道：

“你们在此接迎的是哪位官人？”

“是从安徽调来的新任江宁知府刘大人。”

“你们看，这位就是刘大人。”

"胡说!"朱文举起水火棍要打人,骂道,"刘大人乃是朝廷命官,一定是八面威风,哪有骑驴上任的?你们敢冒充朝廷官员,不是找打吗?"

这时,赵武等人也围了上来。毕竟是捕头,赵武比朱文稳重一点儿,听对方出语不凡,便仔仔细细地围着两人看了一遍,见那位四十多岁的主子后背隆起,正是罗锅。

刘墉下驴的第一句话是:"张成可别忘了给人赶驴的脚钱。"

在接官亭的人在此恭候的目的一是接刘墉,二就是要按惯例吃一顿,经过寒暄之后,这些人就请刘墉进了饭馆。

刘墉深知众意,轻松地一笑说:

"列位放心,贱内深知本府的肠胃,早就准备着呢,张成,把咱们的干粮拿来。"张成就在外厅与众差役一席,还没开吃呢,闻听老爷喊他,赶紧出去,把行囊里的干粮全拿过来,往刘墉跟前一放,说:

"老爷,给您搁在这儿呢!"

刘墉说:

"张成,你也喜欢吃咱们山东的煎饼卷臭豆腐是不?去,叫伙计上两碗热粥,咱爷儿俩陪诸位大人开宴。"

张成一听,老爷要琢磨什么,放着山珍海味不吃,偏要吃这掉渣的煎饼卷豆腐,这不馋人嘛,可是他不能不听命,转身又出去了。

不多会儿,店伙计送上两碗热粥。刘墉向众人抱歉地一笑,说:"我就是这个德性!"

这样的德性是什么呢？显然就是低调做人的品格。

拥有此等品格，对这位高高在上的刘大人来说十分难能可贵。在众人面前主动放下自己的架子，平息自己的威风，这样一来也就很自然地把自己的身价与大家扯平了。人们无不感受到他的平易与随和，从而为后来顺利打开陌生环境中的交际之门创造了良好的条件。

3.不要妨碍别人出头的视线

人往高处走，水往低处流，想出人头地，无论何时、无论从什么角度来评论，都是一种向上的姿态，其积极意义不可小觑。

在一个团队当中，急于出头、急于想让自己冒出来的人有很多，大家互为制约，互为掣肘。在有些团队当中急于出头的竞争是很激烈的，这时低调做人更是一种理智的做法，它既不妨碍别人出头的视线，也免得自己首先成为众矢之的，成为先烂的“椽子”。

不要将自己树成别人射击的靶子

社会上处处充满竞争，官场有竞争，职场有竞争，商场有竞争，情场有竞争。任何竞争都需要勇气，也更需要策略，而其中最大的策略就是在残酷无情的竞争中保持低调做人的本分。

低调做人既是一种处世哲学,也是一种处世姿态,更是一种理智的人生选择。

我们从下面的例证看看放低做人姿态的必要性。

汉更始元年,刘秀指挥昆阳之战,震动了王莽朝廷。然而,刘秀兄弟的才干也引起了更始皇帝刘玄的嫉妒。刘玄本是破落户子弟,投机参加了农民起义军,没有什么战功,自当上更始皇帝后,又整日饮酒作乐,不事朝政。刘玄怕刘秀兄弟夺取了他的皇位,便以"大司徒刘縯久有异心"的莫须有罪名,将立有战功的刘縯杀害了。刘秀接到兄长刘縯被杀害的消息,几乎昏厥,但当着信使的面仍极力克制自己,说道:"陛下圣明。刘秀建功甚微,受奖有愧,刘縯罪有应得,诛之甚当。请奏陛下,如蒙不弃,刘秀愿尽犬马之劳。"转而,刘秀又对手下众将说:"家兄不知天高地厚,命丧宛县,自作自受。我等当一心匡复汉室,拥戴更始皇帝,不得稍有二心。皇帝如此英明,汉室复兴有望了。"刘秀的这种虔诚态度,感动得众将纷纷泪下。刘秀突然遭此打击,自然难以忍受。然而他心里清楚,刘玄既然杀了兄长,对他刘秀也难以容得下。此后,刘秀对刘玄更加恭谨,绝口不提自己的战功。刘秀的行动,早已有人密报给刘玄。刘玄在放心的同时,觉得有些对不起刘秀,便封刘秀为破虏大将军,行大司马之事。并令刘秀持令到河北巡视州郡。刘秀借机发展自己的力量,定河北为立足之地。更始三年初春,刘秀实力已壮,便公开与刘玄决裂。更始三年(公元25年)六月己未日,刘秀登基,是为光武帝,建国号汉,史称东汉。此时,刘秀只有32岁,正是年

轻气盛、成就大业的时候。以屈求伸,“忍小愤而就大谋”,终使刘秀化险为夷,创建了东汉王朝。

低调做人有时也是一种有效的自我保护的策略。在现实生活中,有许多运用这一策略摆脱危险的实例。曾经有过这样一件事:一小孩被人贩子劫持,他起先作出反抗,后来猛然想到父母时常教导他不可急躁、不可蛮干,凡事都要动脑,用智慧战胜困难的叮咛,再掂量一下自己也远非人贩子的对手。于是,他装出一副贪吃好玩、不谙世事的样子,对人贩子的吩咐也是样样照做, 还主动与人贩子搭讪。几天之后,人贩子对他的监视明显放松了。一天,当人贩子带着他在转卖路途中路经一个城镇的交通岗时, 这个小孩趁人贩子不备,跑到交通警察身边,从而得以回到父母的怀抱,并且协助公安机关抓获了人贩子。这个小孩装憨卖傻、不事张扬、不求对抗的做法,正是对自己的一种保护。正是这一策略,使这个小孩避免了被拐卖的厄运,同时,也免受人贩子的淫威和暴力之苦。所以,在处于被动境地时一定要学会藏锋敛迹,装憨卖乖,千万不要把自己树成对方射击的靶子。

做人贵在不显不露

低调做人,用俗话说就是“不显山不露水”,面对功名利禄顺其自然,淡泊处之。

唐朝大将郭子仪一生活得像模像样,有头有脸,究其实就得益于这四个字:“低调做人”。

功高权重的郭子仪,更加被宦官们视为眼中钉。代宗大历二年十月，正当郭子仪领兵在灵州前线与吐蕃军拼杀的时候，鱼朝恩却偷偷派人掘了他父亲的坟墓。当郭子仪从泾阳班师回朝时，朝中君臣都捏了一把汗，怕他回来不肯和鱼朝恩善罢甘休，会闹得上下不安。郭子仪入朝的那一天，代宗主动提了这件事，郭子仪却躬身自责，说："臣长期带兵打仗，治军不严，未能制止军士盗坟的行为。现在，家父的坟被盗，说明臣的不忠不孝已得罪天地。"君臣们听了，都由衷地佩服郭子仪坦荡的胸怀。

郭子仪心里明白，自己功劳越大，麻烦就越大，就是当朝皇帝代宗，也会对自己有所顾忌。所以他处处谨慎小心，以求自保。每次代宗给他加官晋爵，他都恳辞再三，实在推辞不掉，才勉强接受。广德二年，代宗要授他"尚书令"，他死也不肯，说："臣实在不敢当！当年太宗皇帝即位前，曾担任过这个职务，后来几位先皇，为了表示对太宗皇帝的尊敬，从来没有把这个官衔授给臣子，皇上怎能因为偏爱老臣而乱了祖上规矩呢?况且，臣才疏德浅，已累受皇恩，怎敢再受此重封呢?"代宗没法，只得另行重赏。

郭子仪以豁达大度和深谋远虑，得以保全自己。他位极人臣，满堂儿孙，享尽了人间荣华富贵。

有一出戏叫作《打金枝》，其中代宗曾对公主说："你公公若想当皇帝的话，还真轮不到我们老李家！"可见郭子仪功高盖世，但他深知谁能一人打天下呢?官与钱不能都一人独得。适当的时候要表现得低调一些，为别人提供点方便也是理所当然的事。

4.一定要收敛起自己的过分言行

在言行上趾高气扬、放荡不羁历来是做人的大忌。而低调做人正好可以收敛自己的过分言行。社会上有一些人喜欢说大话、吹牛皮、翘尾巴、抖精神、摆架子、耍威风,张扬卖弄,神气十足,到头来只能淹没在别人鄙夷的目光中,他们不管显达也罢,落魄也罢,都可能要比别人经历更多的挫折,承受更多的社会心理的龃龉和舆论的轻蔑。所以,只有学会低调做人,才能为自己营造出更温馨的生存空间和更融洽的人际环境。

收敛起自己的出格行为

一个人为人处世要力求在现实生活中摒弃那些趾高气扬、盛气凌人、指手画脚的行为,大家都知道"格物致知"一词,其能格物者,亦必能致知;能致知者,亦必能格物。就是说,万事万物都自有其格,社会行为亦自有其格,出乎其格者便有失于人们的认识规则和心理认同理念,这当然是很深的哲学问题。而低调做人则正是对人生哲学的活学活用。

汉元光五年,信奉儒家学说的汉武帝征召天下有才能的读书人。年已70多岁的川人公孙弘的策文被汉武帝欣赏,提名为对策第一。汉武帝刚即位时也曾征召贤良文学士,那时公孙弘才60岁,以贤良征为博士。后来,他奉命出使匈奴,回来向汉武帝汇报情况,因不合皇上意图,引起皇上发怒,他只好称病回归故乡。这次他荣幸地获得对策第一,重新进入京都大门,就思量着要吸取上次教训,凡事必须保持低调些才好。

从此,公孙弘上朝开会,从来没有发生过与皇上意见不一致时当面庭争的情况。凡事都顺着汉武帝的意思,由皇上自己拿主意,汉武帝认为他谨慎淳厚,又熟习文法和官场事务,一年不到,就提拔他为左内史。

有一次,公孙弘因事上朝奏报,他的意见和主爵都尉汲黯一致, 两人商量好要坚持共同的主张。谁知当汉武帝升殿,邀集群臣议论时,公孙弘竟推翻自己先前的主张,提出由皇上自己拿主意。汲黯顿时十分恼怒, 当廷责问公孙弘说:“我听说齐国人大多狡诈而无情义, 你开始时与我持一致意见,现在却背弃刚才的意见,岂不是太不忠诚了吗?”汉武帝问公孙弘说:“你有没有食言?”公孙弘谢罪说:“如果了解臣的为人,便会说臣忠诚;如果不了解臣的为人,便会说臣不忠诚!”汉武帝倒也十分同意公孙弘的说法。左右幸臣每次诋毁公孙弘,皇上都宽厚地为他开脱,几年后提拔他为御史大夫。

公孙弘平时是个谈笑风生、博学多闻之人。他常常说:“君主常犯的错误往往是不虚心纳言,臣子常犯的错误是生活奢侈不节俭。”

公孙弘在皇上眼中是个谨慎淳厚的臣子, 但有些大臣却以为他是个伪君子。有一次,主爵都尉汲黯听说公孙弘生活节俭,晚上睡觉盖的是布被,便入宫向汉武帝进言说:“公孙弘居于三公之位,俸禄这么多,但是他睡觉盖布被,这是假装节俭,这样做岂不是为了欺世盗名吗?”汉武帝马上召见公孙弘,问他说:“有没有盖布被之事?”公孙弘谢罪说:“有此事。现在汲黯是九卿之中与臣最友好的朋友,然而他今日当廷责备我,这正好说中了我的要害。我位居三公而盖布被,诚然是用欺诈手段来沽名钓誉。臣听说管仲担任齐国丞相时,市租都归于国库,齐国由此而称霸;到晏婴任齐景公的丞相时从来不吃肉,妾不穿丝帛做的衣服,齐国得到治理。今日臣虽然身居御史大夫之位,但睡觉却盖布被,这无非是说与小官吏没什么两样,怪不得汲黯颇有微议,说臣沽名钓誉。况且陛下若不遇到汲黯,还听不到这样的议论呢!”汉武帝听公孙弘满口认错,更加觉得他是个凡事退让的谦谦君子,因此更加信任他。元狩五年,汉武帝免去薛泽的丞相之位,由公孙弘继任。汉朝通常都是列侯才能拜为丞相,而公孙弘却没有爵位,于是,皇上又下诏封他为平津侯。

公孙弘拜为丞相后,名重一时。当时,汉武帝正想建功立业,多次征召贤良之士。公孙弘便在丞相府开办了各种客馆,开放东阁迎接各地来的贤人。每次会见宾客,他都格外谦让恭敬。有一次,他的老朋友高贺前来进谒,公孙弘接待了他,而且,留他在丞相府邸住宿。不过每顿饭只吃一种肉菜,饭也比较粗糙,睡觉只让他盖布被。高贺还以为公孙弘故意怠慢他,到侍者那里一打听,原来公孙弘自己的饮食服饰同样如此简朴。公孙弘的俸禄很多,但由于许多宾客朋友的衣食都仰仗于他，因此家里并没有多余的财产。

公孙弘活到八十岁，在丞相位上去世。以后，李蔡、严青翟、赵周、石庆、公孙贺、刘屈氂相继成为丞相。从李蔡到石庆，丞相府的客馆都形同虚设，到公孙贺、刘屈氂任丞相时，原来的客馆都被人误认为是马厩车库了。这些人中只有石庆在丞相位上去世，其他人都遭到诛杀。看来，公孙弘不肯廷争，取容当世也是一种不得已的处世方法。而他身居相位，能做到厉行节约，布被粗饭，却也并不是一件容易的事。

而现在有一些成功人士在官场上和商场上很老到，但在“自我保全”上却不够成熟，高级饭店、豪华轿车、漂亮女人成了他们的“日常消费”，社交上讲究排场，花销阔绰，非常张扬。这显然不是一种理智的处世态度，要知道花开总有花落时，花落还有车碾过，何必让自己的行为招摇于众目之上呢？

收敛起自己的出格语言

社会要求人们在说话的时候讲究平易、和善，多一些关爱、谦虚和随和，少一些教训、责难和讥讽。

林肯总统喜欢走出办公室，到民众中去。而他在白宫的办公室，门总是开着，任何人想进来谈谈都受欢迎，他不管多忙也要接见来访者。

林肯总统不愿意在他和民众之间拉开距离。这使保卫工作颇不好做。他也常抱怨那些忠心地执行职责的保卫人员：“让民众知道我不怕到他们当中去，这一点是很重要

的。”他先这样说,接着就开始躲避他的卫兵或命令他们回到陆军部去。他不愿意成为白宫办公室的囚徒。他保持着最高行政官所不寻常的灵活性。

1861年,林肯在白宫外面度过的时间要比在白宫多。他常常不顾总统礼节,在内阁部长正在主持会议时闯进去。他不愿坐在白宫,当他无法从白宫脱身时,他打开白宫办公室的门,让政府官员、商人、普通市民们沿着行政官邸的围墙排着队去见他。林肯很少拒绝人,甚至对有的人还鼓励他们来访。1863年,林肯写信给印第安纳州的一个公民:“对来见我的人们我一般不拒绝见他们;如果你来的话,我也许会见你的。”

他曾说:“告诉你,我把这种接见叫作我的‘民意浴’——因为我很少有时间去读报纸,所以用这种方法搜集民意;虽然民众意见并不是时时处处令人愉快,但总的来说,其效果还是具有新意、令人鼓舞的。”

林肯说“民意浴”,缩短了他与下属与人民的距离,加深了彼此的感情,激发了人民参与国事的主动性和积极性,利民利国。

古今中外,大凡有高深修养的人士无不如此,当成就了事业之后,更从言行上严格要求自己。

据说李世民当了皇帝后,长孙氏被册封为皇后。当了皇后,地位变了,她的考虑更多了。她深知作为“国母”,其行为举止对皇上的影响相当大。因此,她处处注意约束自己,处处做嫔妃们的典范,从不把事情做过头。她不尚奢侈,吃穿用度，除了宫中按例发放的，不再有什么要求。她的儿子承乾被立为太子，有好几次，太子的乳母向她反映，东宫供应的东西太少，不够用，希望能增加一些。她从不把资财任情挥霍，从不搞特殊化，对东宫的要求坚决没有答应。她说："作太子最发愁的是德不立，名不扬，哪能光想着宫中缺什么东西呢？"她不干预朝中政事，尤其害怕她的亲戚以她的名义结成团伙，威胁李唐王朝的安全。李世民很敬重她，朝中赏罚大臣的事常跟她商量，但她从不表态，从不把自己看得特别重要。皇上要委她哥哥以重任，她坚决不同意。李世民不听，让长孙皇后的哥哥长孙无忌做了左武大将军、吏部尚书、右仆射，皇后派人做哥哥工作，让他上书辞职。李世民不得已，便答应授长孙无忌为开府仪同三司，皇后这才放了心。此后的朝政官任中，长孙无忌也经常受到皇后的教导，成为一代忠良。

由上可见，低调做人该是何等重要。

5.低调做人乃谦逊本色

低调不是对世事的消极和畏缩，而是一种为人处世的谦逊品德。

有人说，谦逊是一切美德中最基本也是最高尚的品质。一个谦逊的人，总能意识到自己的弱点和不足，也能清楚地感知到世间还有无数更高明的人，正所谓

"山外有山,人上有人"。因此,谦逊之人大都是低调做人的典范。

做事高标准,欲望低要求

从一定意义上说,所谓"低调做人"就是不把自己看得太重要、太能耐、太高明。倘若认为自己处处胜人一筹,高人一等,就会在欲望的奢求上多贪多占,并视为理所当然。而在别人看来却有失谦逊之德、平易之美。所以,不管是什么人,也不管在什么情况下,都要放下自己的身价,严格要求自己,在做事上向高标准看齐,在欲望上则低调处理,前者表现精明些,后者表现糊涂点,方为大智之人。

张廷玉是清朝有名的重臣,雍正初晋大学士,后兼任军机大臣。张廷玉虽身居高官,却从不为子女们谋求私利。他秉承其父张英的教诲,要求子女们以"知足为诫",其代子谦让一事即为突出的例子。

张廷玉的长子张若霭在经过乡试、会试之后,于雍正十一年三月参加了殿试。诸大臣阅卷后,将密封的试卷进呈雍正帝亲览定夺。雍正帝在阅至第五本时,立即被那端正的字体所吸引,再看策内论"公忠体国"一条,有"善则相劝,过则相规,无诈无虞,必诚必信,则同官一体也,内外亦一体也"数语,更使他精神为之一振。雍正帝认为此论言辞恳切,"颇得古大臣之风",遂将此考生拔置一甲三名,即探花。后来拆开卷子,方知此人即大学士张廷玉之子张若霭。雍正帝十分欣慰,他说:"大臣子弟能知忠君爱国之心,异日必能为国家抒诚宣力。大学士张廷玉立朝数十年，清忠和厚，始终不渝。张廷玉朝夕在朕左右，勤劳翊赞，时时以尧舜期朕，朕亦以皋、夔期之。张若霭禀承家教，兼之世德所钟，故能若此。”并指出，此事“非独家瑞，亦国之庆也”。为了让张廷玉尽快得到这个喜讯，雍正帝立即派人告知了张廷玉。

自从科举制度兴起之后，金榜题名便成了读书应试者的奋斗目标。按照常理，得到儿子考中一甲的喜讯，作为父亲没有不为之高兴的。然而，张廷玉却不然，他想到的是自己的儿子还年轻，一举成名并非好事，应该让儿子继续努力奋进。于是，他没有将喜讯通知家人，而是做了另一种安排。

张廷玉要求面见雍正帝。获准进殿后，他恳切地向雍正帝表示，自己身为朝廷大臣，儿子又登一甲三名，实有不妥。没容张廷玉多讲，雍正帝即说：“朕实出至公，非以大臣之子而有意甄拔。”张廷玉听罢，再三恳辞，他说：“天下人才众多，三年大比，莫不望为鼎甲。臣蒙恩现居官府，而犬子张若霭登一甲三名，占寒士之先，于心实有不安，倘蒙皇恩，名列二甲，已为荣幸。”按照清代的科举制度，殿试后按三甲取士，一甲只三人，即状元、榜眼、探花，称进士及第；二甲若干人，称进士出身；三甲若干人，称同进士出身。凡选中一、二、三甲者，可统称为进士，但是一、二、三甲的待遇是不同的。一甲三人可立即授官，成为翰林院的修撰或编修，这是将来高升的重要台阶；而二、三甲则需选庶吉士，数年后方能授官。也有二、三甲立即授官者，但只是做州县等官。张廷玉是深知一、二甲的这一差别的，但是为了给儿子留个上进的机

会，他还是提出了改为二甲的要求。雍正帝以为张廷玉只是一般的谦让，便对他说："伊家忠尽积德，有此佳子弟，中一鼎甲，亦人所共服，何必逊让？"张廷玉见雍正帝没有接受自己的意见，于是跪在皇帝面前，再次恳求："皇上至公，以臣子一日之长，蒙拔鼎甲。但臣家已备沐恩荣，臣愿让与天下寒士，求皇上怜臣愚忠。若君恩祖德，佑庇臣子，留其福分，以为将来上进之阶，更为美事。"张廷玉"陈奏之时，情词恳至"，雍正帝"不得不勉从其请"，将张若霭改为二甲一名。不久，在张榜的同时，雍正帝为此事特颁谕旨，表彰张廷玉代子谦让的美德，并让普天下之士子共知之。

张若霭十分理解父亲的做法，而且不负父亲的厚望，在学业上不断进取，后来在南书房、军机处任职时，尽职尽责，颇有乃父之风。

学会像普通人一样生活

据说大科学家爱因斯坦着装和修饰过于简朴，日常生活不修边幅，以至有一次去参加演讲时，负责接待工作的人把他的司机当作了他本人，而把他当成了司机。这虽说是个笑话，可也反映了大科学家爱因斯坦不摆架子、低调做人的姿态。

爱因斯坦从不摆世界名人的架子。他吃东西非常随便，外出时常坐二三等车，推导和演算公式常利用来信信纸的背面；并且，他还经常穿着凉鞋和运动衣登上大学讲坛，或出入上流社会的交际场合。有一次，总统接见他，他居然忘记了穿袜子，但这并不影响他在总统和人民心目中的伟大形象。

他初到纽约时，身穿一件破旧的大衣。一位熟人劝他换件新的。爱因斯坦十分坦然地说："这又何必呢？在纽约，反正没有一个人认识我。"

过了几年之后，爱因斯坦已成了无人不晓的大名人，这位熟人又遇到了爱因斯坦，发现他身上还是穿着那件旧大衣，便又劝他换件好的。谁知爱因斯坦却说："这又何必呢？在纽约，反正大家都认识我。"

可见真正的名声，是架子之外的口碑。架子是一种无聊的骗人的东西，是一种追求个人荣耀的欲望，它并不是根据人的品质、业绩和成就，而只是根据个人的存在就想博得别人的欣赏、尊敬和仰慕的一种愿望。因此，架子充其量不过形同一个轻浮的漂亮女人。真正有品质、业绩和成就的人，绝不会去刻意追求架子，事实上，刻意追求架子的人也不可能真正有所作为。

康熙十六年，于成龙被擢任福建按察使，主管一省司法。去福建上任前，他嘱人买了数百斤萝卜放在船上。有的人不解地问他，萝卜又不值钱，买这么多干什么？他回答道："沿途供馔，得赖此青黄不接的时候，以用糠杂米野菜为粥。"即使有客人来了，也和他一同吃薄粥。他对客人说："我这样做，可留些余米赈济灾民，如若上下都和我一样行事，更多的灾民会渡过难关，存活下来。"江南、江西的百姓因为于成龙自奉简陋，每天只吃青菜佐食，所以给他起了个外号

"于青菜",以示亲切景仰。于成龙喜欢饮茶,考虑到茶价很贵,他不愿意多破费,便以槐叶代茶。他让仆人每天从衙门后面的槐树上采几片叶子回来,一年下来,把那棵树都快采秃了。

于成龙对儿女的要求也很严格。一次,他的大儿子从山西千里迢迢来到江宁探望父亲。儿子要回去时,于成龙既没有积蓄,也没有土特产让儿子捎回,正好厨房有一只腌鸭,便割了半只给他。百姓听说这件事后,便编了首歌谣唱道:于公心胸何太狭,公子临行割半鸭。

由于于成龙身体力行,使爱好奢侈艳丽的江南民俗大为改变,人们摒弃绸缎,以穿布衣为荣。一些平日鱼肉百姓的地方官,因知道于成龙好微服私访,因此,遇见白发伟躯者便胆战心惊,以为是于成龙,不得不有所收敛。

康熙二十三年,于成龙病死在两江总督任上。僚吏来到他的居室,见这位总督大臣的遗物少得可怜,而且都不值钱。床头上放着个旧箱子,里面只有一袭绨袍和一双靴子,竟忍不住唏嘘流涕。

于成龙去世的消息传出后,江宁城中罢市聚哭,家家绘像祭奠。出殡那一天,江宁数万名百姓,步行二十里,哭声震天,竟淹没了江涛的声音。

当年康熙帝巡视江南,沿途所延访的官吏,无不对于成龙啧啧称赞。康熙帝不无感慨地对随行的人员说:

"朕博采舆论,敢称于成龙实天下廉吏第一,于成龙真百姓之父母,朕肱股之臣啊!"

可见在生活上简朴些、低调些，不仅有助于自身的品德修炼，而且也能赢得上下的交口称誉。学会像普通人一样生活，这不仅仅可以作为一种训诲，也更是一种潜心暗行的进身之道。

第四章
低调做人是最高明的韬光养晦艺术

《红楼梦》中评论薛宝钗：罕言寡语，人谓“装愚”；安分随时，自云“守拙”。薛宝钗的装愚守拙总要比林黛玉的任性逞才容易被人接受、容易赢得别人的好感，所以，不轻易暴露自己的目标，不轻易表现自己的锋芒，不失为一种韬光养晦和保全自我的处世哲学。

1.假糊涂实乃真聪明之大哲学

人生有些时候，可能会让你的聪明完全派不上用场，非但派不上用场，可能还会弄巧成拙，“聪明反被聪明误”。面对纷繁复杂、变幻莫测的人心世态，你有时不得不故意装憨卖傻，“睁一只眼闭一只眼”，以一副糊涂表象示之于众人。否则你的精明可能会使周围的环境变得更加复杂，使自己的前途出现某种扭曲。因此，这时的假糊涂就是一种真聪明。

糊涂是诠释人生的大智慧

“糊涂学”并非一种处世的技巧，也不是基督的那种泛爱与宽容，它是中国特有的为人处世的大学问、大智慧，也是中国人特有的一种人生大境界。

有时“糊涂”是大智若愚、大巧若拙；是大勇若怯，以柔克刚；是处事不悖，达观权变；是外乱内整，内精外钝；是有所不为，而后大有所为；是宠辱不惊，是非心外；是得意淡然，失意泰然；是宽容忍让，不计前嫌；是不以物喜，不以己悲；是藏锋露拙，明哲保身；是匿壮显弱，明知故昧；是乐天知命，顺应自然；是淡泊名利，知足常乐；是与世无争，宁静致远；是吃亏是福，财去人安；是居安思危，未雨绸缪；是保

静养神，清心寡欲；是沉默是金，寡言鲜过；是谤我容之，侮我化之……

有了“糊涂学”这种大智慧，人才会清醒，才会冷静，才会有大气度，才会有宽容之心，才能平静地看待世间这纷纷乱乱的喧嚣，尔虞我诈的争斗；才能超功利，拔世俗，善待世间的一切，才能居闹市而有一颗宁静之心，待人宽容为上，处世从容自如。

有了“糊涂”这种大智慧，你就会感到“天在内，人在外”，天人合一，心灵自由，获得一种从未有过的解放。

凭着这颗自由的心，你再不会为物所累，为名所诱，为官所动，为色所惑。

有了这种大智慧，你才会幡然顿悟，参透人生，超越生命，不以生为乐，不以死为悲，天地悠悠，顺其自然，人间得以恬静，心灵得以安宁。

糊涂是为人处世的大艺术

有的人外表似乎固执守拙而内心却世事通达，才高八斗；有的人外表道貌岸然而内心却空虚惶恐，底气不足。

人生是个万花筒，一个人在复杂莫测的变幻之中要用足够的聪明智慧来权衡利弊，以防失手于人。但是，人有时候不如以静观动，守拙若愚。这种处世的艺术其实比聪明还要胜出一筹。聪明是天赋的智慧，糊涂是后天的聪明，人贵在能集聪明与愚钝于一身，需聪明时便聪明，该糊涂处且糊涂，随机应变。孔子论人，以智、仁为别，正所谓：智者乐水，仁者乐山。智者动，仁者静。朱熹在《四书集注》中解释为：智者达于事理而周流无滞，有似于水，故乐水；仁者安于义理而厚重不迁，有似于山，故乐山。聪明之区别糊涂，大抵若此。

老子大概是把糊涂处世艺术上升至理论高度的第一人。他自称“俗人昭昭，我独昏昏；俗人察察，我独闷闷”。而作为老子哲学核心范畴的“道”，更是那种“视之不见，听之不闻，搏之不得”的似糊涂又非糊涂、似聪明又非聪明的境界。人依于道而行，将会“大直若屈，大巧若拙，大辩苦讷”，中国人向来对“智”与“愚”持辩证的观点，《列子·汤问》里愚公与智叟的故事，就是我们理解智愚的范本。庄子说：“知其愚者非大愚也，知其惑者非大惑也。”人只要知道自己愚和惑，就不算是真愚真惑。是愚是惑，各人心里明白就足够了。

孔子说：“宁武子，邦有道则知，邦无道则愚。其知可及也。”宁武子即宁俞，是春秋时期卫国的大夫，他辅佐卫文公时而天下太平、政治清明。但到了卫文公的儿子卫成公执政后，国家则出现内乱，卫成公出奔陈国。宁俞则留在国内，一面仍是为国忠心耿耿，表面上却是一副糊里糊涂的样子，这是明哲保身的处世方法。因为身为国家重臣，不会保身怎能治国？后来周天子出面，请诸侯霸主晋文公率师入卫，诛杀佞臣，重立卫成公，宁俞依然身居大夫之位。这是孔子对“愚”欣赏的典故，他很敬佩宁俞“邦无道则愚”的处世方法，认为一般人可以像宁俞那么聪明，但很难像宁俞那样糊涂。在古代上层社会的政治倾轧中，糊涂是官场权力杂耍的基

本功。仅以三国时期为例,就有两场充满睿智精彩的表演:一是曹操、刘备煮酒论英雄时,刘佯装糊涂得以脱身;二是曹、马争权时司马懿佯病巧装糊涂反杀曹爽。后人有语云:“惺惺常不足,蒙蒙作公卿。”苏东坡聪明过人,却仕途坎坷,曾赋诗慨叹:“人人都说聪明好,我被聪明误一生。但愿生儿愚且蠢,无灾无难到公卿。”为官可以愚,但为政须清明,对此不可混淆区别。

“难得糊涂”是糊涂学集大成者郑板桥先生的至理名言,他将此体系晋升为:“聪明难,糊涂亦难,由聪明转入糊涂更难。放一着,退一步,当下心安,非图后来福报也。”做人过于聪明,无非想占点小便宜;遇事装糊涂,只不过吃点小亏。吃亏是福不是祸,往往有意想不到的收获。“饶人不是痴,过后得便宜”,歪打正着,“吃小亏占大便宜”。有些人只想处处占便宜,不肯吃一点亏,总是“斤斤计较”,到后来是“机关算尽太聪明,反误了卿卿性命”。郑板桥说过:“试看世间会打算的,何曾打算得别人一点,真是算尽自家耳!”

郑板桥以个性“落拓不羁”闻于史,心地却十分善良。他曾给其堂弟写过一封信,信中说:“愚兄平生谩骂无礼,然人有一才一技之长,一行一言为美,未尝不啧啧称道。囊中数千金,随手散尽,爱人故也。”以仁者爱人之心处世,必不肯事事与人过于认真,因而“难得糊涂”确实是郑板桥襟怀坦荡无私的真实写照,并非一般人所理解的那种毫无原则稀里糊涂地做人。糊涂难,难在人私心太重,自我一执,陡觉世界太小,眼前只有名利,不免斤斤计较。《列子》中有齐人攫金的故事,齐人被抓住时官吏问他:“市场上这么多人,你怎敢抢金子?”齐人坦言陈辞:“拿金子时,看不见人,只看见金子。”可见,人性确有这种弱点,一旦迷恋私利,心中便别无他物,唯利是图,用现代人的话说是:掉进钱眼里去了!

聪明与糊涂是人际关系范畴内必不可少的技巧和艺术。得糊涂时且糊涂,是“糊涂学”的真谛,聪明人不妨试一试。

糊涂是保全自我的大手段

倘若懂得糊涂的学问,抱定“难得糊涂”的态度,在生活中就能焕发出一种生命的韧性,有了这种韧性,便可能使人生表现出“举世誉之而不加喜,举世非之而不加沮”的信念。

我们来看一下聪明人是在何种情况下“糊涂”的。

明朝张鶚崍任滑县县令时,有两名江洋大盗任敬、高章来到县城,冒充锦衣卫(特务组织)的使者拜见张公,并且凑近张公耳边说:“朝廷有令, 要公开处理有关耿随朝的事情。”

原来当时有位滑县人耿随朝,担任户政的科员,主管草场,因为发生火灾,朝廷下令羁押在刑部的监牢里。张公听到此事,更加相信两人的身份。任敬于是拉着张公的左手,高章拥着张公的背,一起进入室内坐在炕上。任敬摸着鬓角胡须,笑着说:“张公不认识我吧!我是霸上来的朋友,要向张公借用公库里面的金子。”于是二人取出匕首,架在张公的脖子上。张公抑制住内心的紧张,眯起眼睛,装出替他们

着想的样子说:“你们不是为了报仇，我也不会因为财物牺牲性命。你们这样暴露自己的真实身份,如果被别人发现,对你们可相当不利！”

两个强盗觉得有道理。

张公又进一步说:“公库的金子有人看管,容易被发觉,对你们不利。有一个办法是,我向县里的有钱人借贷,这样你们可以安然无事,也不至于连累了我的官职,岂不两全其美。”

两个强盗听了更加赞同张公的办法。就这样,张县令不露声色地稳住了强盗,并取得了他们的信任与合作,同时一条计谋酝酿成熟。

张县令传令要属下刘相前来,刘相到后,张公假意说:“我不幸发生意外,如果被抓去,会很快被处死。这两位是锦衣卫,他们不想抓我,我很感激他们,想拿5000两黄金当他们的寿礼,以表心意。”

刘相听了,目瞪口呆,说:“到哪里去弄这么多钱?”

张公说:“我常看到你们县里的人，很有钱而且济公好义,我请你替我向他们借。”

于是拿出笔来,一共写了9个人,正好数量符合。所写的这9个人,实际上都是武士。

刘相看了以后,恍然大悟。不一会儿,名单上列出的9个人,一个个穿着华丽的衣服,像富贵人家的子弟,手里捧着用纸包着的铁器,先后来到门口,假装说:“张公要借的金子都拿来了,因为时间太紧迫,没有凑足所要的数目,实在过意不去。”一边说,一边装出哀求恳免的样子。

两位强盗听说金子到了，又看到这些人果然都像有钱人的样子,就很高兴地说:“张公真的不骗我们。”

张县令趁两个强盗查看金子的空当,急忙脱身,并大喊抓贼,这9个武士,一拥而上,两个强盗猝不及防,其中一个被抓,另一个自杀身亡。

张县令遇事从容镇定,不动声色诱盗贼上当,糊涂装得多么彻底! 既保全了身家性命、公家钱财,又擒获了强盗。

能够做到“明知故昧”,绝非易事,如果没有高度涵养,斤斤计较,是断乎不行的。古人有“骂如不闻”“看如不见”的涵养,既避免了是非,又更利于扫平成功的路障。

懂得了糊涂的学问,就会知道自己的意见不那么绝对,就能更虚心地对待不同意见。泰山不让寸土而成其大,江河不捐细流而就其深。懂得了糊涂的学问,就知道了自己能力的局限,你所不能驾驭的,就不要忙于去驾驭;你所不能把握的,就不会急于去把握;你所不能强求的,就不会勉强。而是将自己的精力更专注地投入一个有限的范围,善于其技,精益求精,成为某一行业的行家里手。懂得了糊涂的学问,你就知道了对宠辱誉毁的看法不能那么绝对,对功名利禄、荣华富贵不能看得很重。这不但增强了耐受挫折的韧性,又能养成心如止水、宠辱不惊的持重。

2.宁做傻中精,不做精中傻

有些人看似愚钝鲁拙,实际上却是心底透亮;而有些人表面上精明灵透,骨子里却糊涂颟顸。前一种人可谓傻中精,后一种人则是精中傻。很显然,傻中精是真正的精明,精中傻倒是真正的“傻气”。

傻中精是真精

除非是智商低劣的原因，否则貌似愚钝的人往往是精明的人。

美国第九届总统威廉·亨利·哈里逊出生在一个小镇上。小时候,他是一个很文静又怕羞的孩子,人们都把他看作傻瓜。

镇上的人常常喜欢捉弄他。他们经常把一枚五分的硬币和一枚一角的硬币扔在他面前,让他任意选一个。威廉总是捡那个五分的,于是大家都嘲笑他“傻”。

有一天,一位妇人看到他可怜,便对他说:“威廉,难道你不知道一角钱要比五分钱多吗?”

“当然知道!”威廉慢条斯理地说:“不过,如果我捡了那个一角的,恐怕他们就再也没有兴趣扔钱给我了。”

在他人眼中通常不聪明的人，自己也并不觉得聪明的人,实际上可能是真正的聪明人。

在实战当中，张作霖也是一个装“傻子”的高手。

袁世凯称帝后，论功行赏。张作霖以一师长资格，破格封为二等子爵。但是张作霖却大失所望，问：“子爵是怎么回事？”

当听到“子爵下于伯爵一等，再上为公为侯”时，张作霖大怒道：“吾何能为人做子？”于是请假表示不满。

袁世凯称帝后不久便四面楚歌，张作霖对此早有对策。他一方面对袁世凯表示愿为南征先锋，等骗到了枪械之后，又翻脸变色，在“奉天人治奉天”的口号下，准备驱逐段芝贵，夺取督军大权。

张作霖自称“不懂政治”，但是在“驱段”这出戏中表演得异常精彩。他利用冯德麟与段芝贵的矛盾，让冯德麟出头角斗，自己在幕后操纵。

冯德麟为“驱段”找到了张作霖，说：“段芝贵是清末的败类，贪官污吏，人所共知，现在他仍然居奉天人士之上，我们决不甘心，应赶快驱逐他，由奉天人来干一干，雨亭以为如何？”

张作霖一听正中下怀，于是向冯德麟请教驱段芝贵的办法。冯说：“这不难。由我们二十八师唱黑脸，和他正面冲突，由二十七师唱白脸，用‘吓’字向他威逼，使他畏罪而逃。”张作霖心中暗喜，鼓掌赞成说：“好！让各方面人也知道，我们奉天人是不好惹的。”

于是，张作霖布置军队夜间开枪闹事，自己到将军署对段芝贵说：“冯德麟把兵开来了，要进兵沈阳，反对上将军。”

段芝贵忙问怎么办,张作霖道:“不要紧,我有防备。”

段芝贵刚安下心不久,张作霖又来报告:“这回冯德麟把二十八师全开来了,我也没有办法。”并声称二十八师和二十七师部分官兵联络奉天各界团体要惩办帝制祸首。

听到要惩办帝制祸首,段芝贵浑身发抖,又问怎么办。张作霖一言不发,在桌上大书一个“走”字。段芝贵如梦方醒,马上致电中央要求去天津养病,并调官款200万,军火若干,乘专车赶赴北京。

段芝贵离奉时,张作霖向他赠送大批礼物,并满脸戚容作悲伤状,盼望段早日回奉。背地里张作霖却通知冯德麟,拦截段芝贵,向他索取私带的公款和军火,让他当众出丑,无脸再回奉天。

当段芝贵专车到达沟帮子车站时,冯部汲金纯指挥的一个团,由邱团长带领登车检查。邱某上车后即向段芝贵宣读奉天军民团体打来的电报,指责段为帝制祸首,又携款畏罪潜逃,希望汲旅长截住段芝贵押赴沈阳依法惩制。段芝贵吓得失魂落魄,狼狈不堪,担心回沈阳老命不保。这时,张作霖致电让专车通行。

正当段芝贵向袁世凯哭诉冯德麟的无理时,张作霖密与冯德麟起草了《奉天保安会章程》,由冯德麟出面,成立自治期成会,提出奉人治奉。

袁世凯大吃一惊,在段芝贵的极力推荐下,任命张作霖为盛武将军督理奉天军务并兼巡按使,冯德麟为军务帮办。袁世凯死后,改为奉天督军兼省长。这样,借着全国反袁,张作霖图谋攫取了奉天军政大权。

此后，张作霖独霸奉天，使他的督军之位更加牢固，成了说一不二的“奉天王”。

精中傻是真傻

有一些人喜欢自作聪明。这样的人往往是过高地估计了自己的眼力或能力，看问题死心眼儿，看不到事物间的变化和联系，过分自信且又自负，结果在世事的纷争中总是充当别人的炮筒、玩偶或替罪羊，这样的人被称作“精中傻”。“精中傻”往往是表面看来挺精明，实际上总是成事不足败事有余，所谓“聪明反被聪明误”可能就是专门给这种人设定的警句。

三国时期，有一个精中傻的典型，就是蒋干。在关系到一场各派政治力量生死存亡的重要斗争中，蒋干扮演了一个成事不足、败事有余的角色，使形势发生了逆转。

这个蒋干表面上看精明透顶。在魏吴两军对垒之时，蒋干进曹操帐下主动请缨：“某自幼与周郎同窗交契，愿凭三寸不烂之舌，往江东说此人来降也。”曹操大喜，“置酒与蒋干送行”。

试想，蒋干一旦“说此人来降”，曹操便可不战而屈人之兵，蒋干得此头功，封官加赏，自不待话下。这是蒋干自作聪明的一大得意之作。

于是，蒋干携一童前往，“驾一只小舟，径到周瑜寨中”，未料周瑜棋高一招，一见面就戳穿了蒋干的用心，搞得蒋干很没面子，只好当面否认了自己作说客的身份，周瑜于是按计行事，大张筵席，唤来文官武将，搞起了"群英会"。声言"只叙朋友交情，如有提起曹操与东吴军旅之事者，即斩之！"一句话既封住了蒋干作说客的嘴巴，也断去了本部文官武将一旦不慎而说漏嘴的可能性，可谓一箭双雕。

"饮至半酣，瑜携干手，同步出帐外。"然后一一让蒋干领略吴军雄厚的实力。此后又以表达感情为名，提出与蒋干"抵足而眠"的要求。并"佯作大醉之状，携干入帐其寝"。

蒋干借周瑜"鼻息如雷"时，偷看了帐内桌上的一卷文书，并将一封写有降将蔡瑁张允的书信"暗藏于衣内"。这是蒋干自作聪明的又一大得意之作。

俗话说，"小鬼"永远也诡不过"大鬼"。周瑜借蒋干过江作说客之机，步步设计，计计连环，以假乱真，直搞得急欲立功的蒋干云里雾里，只知其然而不知其所以然。

蒋干回到曹营，虽未能"说此人来降也"，却盗得一封密书，急欲交于曹操邀功，搞得曹操误杀了两员大将，蒋干的下场也就可想而知了。

蒋干自以为很聪明，实际却屡屡钻进周瑜为他设的套子里面。现实当中类似蒋干这样的人也不少。别人和自己的惨痛教训都在教育我们：宁可在"傻"中潜心修行，不可自作聪明图虚荣。输掉聪明事小，铸成大错事大。

3.好汉不露真本事

社会是很复杂的，一方面，它要求人们立世必须要有真本事才行，另一方面，有了真本事又不可轻易外露，一旦在不适当的时机和场合露出了自己的真本事，就可能遭人暗算，被人折杀，非但不能为自己带来好处，反而还会给自己招来灾祸。这是多么不值得的事情啊！所以，有了真本事不要到处张扬，要力求把绝技藏在怀里，不让别人识破真机，从而达到既能保全自己又能防范别人的目的。

不露真本事可以静观风云变幻

将韬晦之术应用到最高统治阶层的是韩非子。他主张君主为了保身，绝不可让臣子们看到真心，主张通过法制加强中央集权。他从权臣们的发动政变到君主的防身之策，都深有研究。《韩非子》中有许多关于君主统御术的记载，其中特别强调“君主不应把自己的真心爱憎公开化”。

《韩非子·二柄》中说：“君主如果把自己的所憎所好都溢于言表的话，臣子们就会肆意在你面前显示或隐瞒什么。如果知道了君主的欲望，臣子们就会找到投机的机会。”“君主如果喜怒不溢于言表，臣子们就会显出本色。这样，君主就不会被欺骗。”

《韩非于·外储说》中说：“一定要慎于言，否则就会被人看穿；一定要敏于事，不然就会盲从。如果你显示你有知识，别人就会隐藏起他的无知；要是让人知道了你无知，就会受骗。所以只有无为，方可察知对方。”

春秋时代，郑庄公就是利用这一韬略，粉碎了弟弟共叔段妄图夺权的阴谋。

郑庄公是春秋时郑国国君，公元前743年至前701年在位。庄公之父为郑武公。其母为申侯之女武姜。庄公出生时难产，武姜受了惊吓，故名“寤生”，从此就不喜欢他。但庄公多心计，善谋略，他继位国君后，郑国成为春秋初期最强盛的诸侯国之一。

郑庄公与其弟共叔段本是一母所生。因其母不喜欢庄公，多次在武公面前说次子共叔段是贤才，应立为继承人。武公不答应，仍立寤生为世子。姜氏一计未成，仍不甘心；她在庄公继位后，又逼庄公把京城(郑国邑)封给共叔段。

共叔段在京城加强扩展自己的势力，与姜氏合谋，准备里应外合，袭郑篡权。

郑庄公深知自己嗣位是国母大为不悦之事，对姜氏与共叔段企图里应外合夺取政权的阴谋也清清楚楚。但他却不动声色，采取“知者不言”“将欲废之，必固举之”“将欲夺之，必固与之”的计策，先施韬晦，待机破之。郑国大夫祭仲向他报告说：共叔段招兵买马，扩大城池，会给郑国带来麻烦。庄公却回答说：“这是国母的意思。”祭仲建议庄公先下手除掉隐患，他却说："你就等着吧。"共叔段又占领京城附近两座小城，郑大夫公子吕说："一个国家不能有两个国君，你想怎么办？如果你想把大权交给共叔段，我们就去当他的大臣；如果不打算交权，那就除掉他。不要使老百姓有二心。"庄公却假装生气，说："这事你不要管。"

郑庄公知道，过早动手，必遭外人议论，说他不孝不义。因而庄公故意让共叔段的阴谋继续暴露，一直到共叔段和姜氏密谋里应外合时，才命公子吕率军伐京城。共叔段逃到焉(郑国地名，在今河南焉陵县境)，郑庄公伐焉，叔段逃到了共。

在共叔段一再招兵买马，不断侵城夺隘的时候，郑庄公一直深藏不露，使共叔段得意忘形，也过低估计了郑庄公的本事，最后落得一个失败出逃的境地。

不露真本事可以免受无谓骚扰

本事这东西就像一笔财富，谁拥有这笔财富，谁就会受人倾慕，被人追逐，甚至遭人算计。所以聪明的富人大都不会轻易"露富"。同样，聪明的有本事的人也不可轻易露出自己的真本事。

在河南省有一位武术教练，因其培养了众多的武术高手而在全国武术界闻名遐迩，在他60多岁退出专业教练职务后，每天都有几十个慕名而来找他学武术的年轻人，使他应接不暇。他已经没有更多精力教这些社会上成分各异的年轻人了，因此他得罪了几家邻居，他的一个亲侄子也不理他了。不得已他办了一个二十人的学习班,花钱租用一间体操练习房。可他根本上不了课,这间体操房里外都是人,而且他们家在半夜以前总有电话声,拿着朋友书信拜访的人,拎着礼物来拜师的人,揣着钱前来要求学武的人熙熙攘攘不断线,他根本无法休息。一天早上他老伴3点就起床了,拿把椅子坐在楼下。每来一个人,老伴就说:“今天师傅病得很厉害,不能上课了。”可5点不到,他们家先后来了4趟救护车,十几个医生,闹的老教练苦不堪言,不得已老教练搬了家。3天后,要求习武的青年又按图索骥找上门来,而且又受到几个老朋友的责怪:“怎么搞的,我们家的电话成了找你的寻呼台了,整天电话声不断,烦死人了。”

没有办法,一个月之后,老教练和老伴商量后,回到老家山东去了。可好景不长,尽管老教练隐姓埋名,不到一个月,老教练又被找到了。一天,老教练与老伴在花园遛弯儿,猛然有四名青年跪在老教练面前拜师,自称他们是从河南省来的,这回老教练真的两眼一黑,昏迷了过去。四个青年,打车送医院掏钱治病,忙前跑后像亲儿子一样。经过医生诊视,老教练并无大病,只是一时惊诧所致。过后,老教练的老伴给四个青年跪下了,好歹哄着说着:如今老教练身体不行了,已教不了人了。并送上往返路费,算是把他们打发走了。以后,还会有多少人找上来,就不得而知了。

俗话说:“人怕出名猪怕壮。”人一旦出了名,除了风光无限,也还有麻烦不断。于是有的名人抱怨自己失去了自由,正常生活受到了干扰。可见,适当地掩藏起真本事,是少受骚扰的一种必要保障。

不露真本事便于捕捉最佳出手时机

人学本事的目的是为了“不鸣则已，一鸣惊人”，有本事不用不如不学。真本事不外露是不到外露的时机，所谓“不露”不过是待价而沽，在寻求更好的“买主”。当然，也有良玉精雕未就，正待点睛之功者。

在我国古典文学名著《三国演义》中，有一个描写当时名士庞统(号称凤雏)不露真本事、待价而沽的故事。

三国时期，流传有“卧龙、凤雏得一人而安天下”的说法，即是说，魏、蜀、吴三国，不论哪个国家得到卧龙或凤雏其中一人即可夺得天下，可见凤雏先生庞统的本事是非同寻常的。但是庞统生得怪异，不太令人喜欢，吴国孙权没有留用他，他就去蜀国投奔刘备，此时庞统怀有孔明的推荐信，如果庞统见到刘备呈上孔明的信件，定会得到重用，但庞统鄞见刘备时并没有呈上这封信，只是以一个平常谋职者的身份求见的，因此，刘备也未能重用他，只是让他去治理一个小县。身怀治国安邦之才的庞统没有拒绝这个一般人瞧不起的职位，他这样做，是他不想施展自己的雄才大略吗?非也，他深知，靠人推荐不足以服众人，他要在该露脸的时候才露脸，果然，当刘备对他所管辖的耒阳县的政务产生质疑时，他当着刘备的心腹、爱弟张飞的面，将一百多天积累的公案，不到半日即处理得干净利索，曲直分明，令人心服口服，使张飞大为惊讶。试想刘备听到张飞的禀报后，对

庞统的才华能不暗自佩服吗？庞统适时地不露真本事，低姿态入场，在可以一显身手的时候，才将自己"卖了"个好价钱——副军师中郎将。

好汉不露真本领，实乃处世的至高境界啊！

一个身具高深才德的人，最聪明的办法就是不要锋芒太露。可是很多人不明白这其中的道理，尤其是一般奋发有为力争上游的青年，往往会由于在团体中表现得太拔尖、太露骨，为此而遭受一些自己不好也见不得人好之徒的嫉恨，于是陷入了"众口铄金，积毁销骨"的被动境地，可见该藏则藏，该露则露，也不失是一门高深的处世学问。

4.别轻易暴露自己的"野心"

人们为了维持社会或团体的某一现状，常常不允许个人欲望的恣情喷发和左冲右突，对有悖于这一现状的任何奇思异想都可能被视为"野心"。而事实上，在追逐个人成功的道路上，每个人都有一些不安于室的心灵躁动。这种躁动，在自己看来可能是雄心壮志，在别人看来则可能是野心勃勃。而聪明的人绝不会轻易暴露自己的心灵底牌，在"野心"尚未实现之前，绝不会让人看出自己的行踪和去向，否则，便可能会倒持泰阿，授人以柄，甚至遭到对手的暗中算计。

真人不露相，露相非真人

真人不露相，露相非真人。即是说，混迹于熙来攘往的世界，不要轻易暴露自己的本来面目。一旦你暴露了真相，不但证明你的修行不够，有时还会自毁前程。

古人把“绵里藏针”作为处世的要诀。绵里藏针有两种情况：一种是内心狠毒的人装出和善的面貌，以达到害人利己的目的，这种行径是世人所不齿的；还有一种情况就是寓刚于柔 ，柔中有刚，待人接物，既有原则性、斗争性，又有宽容亲和的态度。讲原则性、斗争性，不是锋芒毕露，盛气凌人；讲宽容亲和，不是口是心非，表里不一。这样的绵里藏针，既能坚持自己的目标，又能协调人际关系，从而达到以柔克刚的目的。

“绵里藏针”是真人不露相的翻版，而“大巧若拙”则更是真人不露相的拷贝。

“大巧若拙”，说得通俗一点，就是才智极高的人，学习越深入，见闻越广博，越感到学海无涯而个人知识有限，因而更加谦虚谨慎，处处收敛锋芒，从不炫耀和显示自己。

春秋战国时期，有一位富家公子名唤温如春，幼时即好琴艺，长大了，自然也能露那么几手，为此，他也颇有几分自负。

有一次他到山西去旅游，在一座寺庙前看到一个闭目打坐的道人，道人身旁有一布袋，袋口露出古琴一角，温如春大奇：“这老道也会弹琴？”，就上前大大咧咧地发问：“请问道长可会弹琴?”“略知一二,正想拜师。”道人微睁双目,语气十分谦恭。“那就让俺来弹弹吧。”温如春毫不客气地说。

道人把琴拿出,温如春立即盘腿席地而弹,先是随随便便地拨弄了一首,道人微微一笑,不着一语。温如春便又使出生平所学弹了一首,道人仍默然。温如春恼火了,生气地说“你怎么不吭声,是我弹得不好吗?”“还可以吧,但不是我想拜的师傅。”这下,温如春可就沉不住气了,“哦,你倒是挺会弹的了,不如让我见识一下。”

道人并不答腔,只拿过琴来,轻抚几下,开始弹奏,其声如流水淙淙,又如晚风轻拂,温如春听得如痴如醉,连寺庙旁的大树上都停满了鸟儿。一曲终了,许久,温如春方如梦初醒,立即向道人行起了大礼,拜请为师。这个道人正可谓是一位不轻易“露相”的真人。

其实,所谓真人不露相,只是未到露相的时机。史蒂芬斯毕业于哈佛商学院,获工商管理硕士学位,现已有几家大公司向他发出邀请,请他出任高级主管,他还没做出应聘于哪一家的决定,趁着短暂的闲暇时间,他去看望一位朋友。家住洛杉矶的这位朋友此时正忙着筹划建造一座自用的热水游泳池,现已经有几个承包商来找过这位朋友表示希望干这个工程。但是,究竟要请哪一个承包商来承建,他还没拿定主意,因为他拿不准底价,怕花太多的冤枉钱。

史蒂芬斯表示要帮他,首先他们在报纸上登了个建造游泳池的招商广告,具体写明了建造要求。很快有A、B、C三位承包商前来投标,各自报上了承包详细标单,里面有各项工程费用及总费用。史蒂芬斯仔细地看了这三张标单,发现所提供的抽水设备、温水设备、过滤网标准和付钱条件等都不一样,总费用也有不小的差距。

接着他们就分别找这三家公司进行洽谈，首先找来A先生,在洽谈当中,史蒂芬斯始终都以一个门外汉的角色出现,还时不时问一些行外话,这时,A先生开始介绍自己承建的游泳池工程一向是最好的，建家庭游泳池实在是胸有成竹,小菜一碟。同时,还顺便告诉史蒂芬斯,B先生曾经丢下许多未完的工程,现在正处于破产的边缘。

接着,史蒂芬斯请来第二个承包商B先生进行商谈。史蒂芬斯采用同样的办法从B先生那里又了解到，其他人提供的水管都是塑胶管，只有B先生所提供的才是真正的铜管。

最后,史蒂芬斯请来第三个承包商C先生进行商谈。C先生告诉史蒂芬斯，其他人所使用的过滤网都是品质低劣的,并且往往不能彻底做完,而自己则绝对能做到保质、保量、保工期。

这样，史蒂芬斯帮助朋友轻易地弄清了游泳池的建筑设计要求,特别是三位承包商的基本情况:

A先生要价最高,B先生的建筑设计质量最好,C先生的价格最低。经过总结概括、权衡利弊,史蒂芬斯告诉他的朋友:选B先生的建筑标准,给C先生的标价,经过辩论、讨价还价最后成交，三个精明的承包商不得不承认这是一桩他们干得最不划算，但又认账的“买卖”。他们掉进了一个非常精明的人设计的陷阱里了。

这是又一个真人不露相的例子，由于不露相，才使自己进退有据，选择自如，最后让对方在不知不觉中走进自己所划定的圈子里。

野心别外露，外露遭贬黜

在我们生活的社会当中，出现纯粹的“野心家”应该是很个别的现象，我们所谈论的“野心”从真正意义上讲，也无外乎是隐藏在个人心里不宜让别人知晓的一些“志向”和“企图”。但在现实生活当中，你的这些“志向”或“企图”，即使是正当的，而一经在你身上得到表现的时候，总会有人感到受到了威胁。他们可能会利用手中的权力和影响力，对你进行打击，使你过去的一切努力都化为泡影，因此，你如果真的怀有某种“野心”的话，可千万要谨慎点，切莫轻易外露，否则，你可能会因此而自毁前程。

张胜志是一名刚毕业的大学生，他到一家大公司去应聘，结果被录用了，而后，他主动找到公司人事主管，说自己不怕苦累只是希望能到挣钱多的岗位上工作，原因是，自己是农村来的大学生，几年大学下来，花光了家里的所有积蓄不算，还欠着外债。人事主管很同情他，把他分配到了营销部当推销员。因为这家公司生产的健身器材很畅销，推销员都是按销售业绩计算收入，因此尽管张胜志是个新手，可几个月下来，他得到的薪金却比其他部门的员工多，由此，他也就下定决心在营销部干下去。

张胜志毕竟是大学生，头脑灵活，爱思考，时间长了，他就发现了营销部里一些工作上的疏漏，管理也不规范，因此他除了不断加强与客户的联系外，还把心思用到了营销部的管理上，并且还经常向经理提出一些意见，对此，经理总是回答说："你提出的意见很好，可我忙不过来呀，改进工作慢慢来吧。"经过几次和经理谈话，张胜志发现一个秘密，那就是营销部墙上的组织结构图表中有副经理一名，可他到营销部已近半年，却从未见过副经理，难怪部里有些工作无人管理呢？

并且，张胜志通过打听了解到，营销部经理的薪金有时高过公司副总经理，副经理的薪金也高过推销员的几倍，于是，他萌发了觊觎营销部副经理一职的想法。想了就干，就在一次营销部全体员工会议上，他坦陈了自己的想法，经理照例当众表扬了他。可没想到，自那次会议后，张胜志的处境就越来越被动了。他初来乍到，并不知道那个副经理之职，已有许多人在暗中等待和争夺，迟迟没有定下来的原因就在于此。而张胜志的到来，开始并未引起人们的关注，因他只是个小雏，羽翼未丰，不足刮目，但时间一长，他频频问鼎此事，又加之他有学历，人们便感到他的威胁了，这次他又公然地要争这个职位，无疑是惹了马蜂窝，一时间，控告他的材料堆满了经理的办公桌，什么张胜志不讲内部规定踩了我客户的点；他泄露了我们的价格底线；他抢了我正在谈判中的生意……这些控告任何一项都是一个推销员所承

受不了的,对于此事的起因经理心里最清楚不过了,为了安定部里的情绪,不致影响营销任务,经理经与人事部门商定,不久,将张胜志调走了。

张胜志的遭遇对于我们身在职场中、且要出人头地的人来说,不是一堂生动的教育课吗?

5.貌若愚憨者未必真愚

貌若愚憨的人未必真愚,君不见许多大智之人皆“憨态可掬”。在这个无处不充满变数的世界上,我们常常会发现:最圆满的好像有所欠缺,最充实的似乎显得空乏,最精明的头脑又仿佛是愚笨的,最善辩的口才表现得倒像是结巴……于是,也便有了“大智者若愚,若愚者大智”的看似悖论的真理。

要善于在“迟钝”中掌握主动

正像古人所说的那样,“大勇若怯,大智若愚”。本来胆大如斗的,却表现得胆小如鼠;本来足智多谋的,却表现得寡言讷语。智而示以愚,强而示以弱,能而示之不能,用而示之不用,其目的就是为了蒙蔽对手,争取主动。“大智若愚”具有后发制人、出其不意的效应,在外交、谈判、经济等领域中均有广泛应用。

《三国演义》写孔明智激周瑜的精彩片段，是大智若愚智谋的成功运用。孔明为了激起周瑜抗曹的斗志，巧妙地将曹植《铜雀台赋》“揽二桥于东南兮，乐朝夕之与共……”中的“二桥”向周瑜解释为“二乔”(其一为周的妻子)，周瑜听后勃然大怒：“吾与老贼势不两立！”孔明大功告成。其实，“二乔”乃周瑜与孙策的妻子，孔明哪能不知！知而装愚，目的是智激周瑜。

由聪明转入糊涂是此技的精髓；有时候，装得迟钝一点倒比过于敏感更有利。曾经有三位日本人代表日本航空公司与美国的一家飞机制造公司谈判。日方作为买方，美方作为卖方。美国公司为了抓住这次商业机会，挑选了最精明干练的高级职员组成谈判小组。谈判开始时并没有像常规谈判那样双方交涉问题，而是美方展开了产品宣传攻势。他们在谈判室里挂满了许多产品图像，还印刷了许多宣传资料和图片。他们用了两个半小时，三台幻灯放映机，放映了好莱坞式的公司介绍。他们这样做，一是要加强自己的谈判实力，另外则是想向三位日本代表作一次精妙绝伦的产品简报。在整个放映过程中，日方代表静静地坐在里面，全神贯注地观看。

放映结束后，美方高级主管不无得意地站起来，扭亮了电灯。此时，他们脸上挂满了情不自禁的得意笑容，笑容里充满了期望和必胜的信念。他转身向三位显得有些迟钝和麻木的日方代表说：“请问，你们的看法如何？”不料一位日方代表说：“我们还不懂。”这句话大大伤害了美方代表的心情，他的笑容随即消失了，一股莫名之火似乎正往上顶。他又问："你们说不懂，这是什么意思？哪一点你们还不懂？"另一位日方代表彬彬有礼、微笑着回答："我们全部没弄懂。"美国的高级主管又压了压火气，再问对方："从什么时候开始你们不懂？"第三位代表严肃认真地回答："从关掉电灯，开始幻灯简报的时候起，我们就不懂了。"这时，美国公司的主管感到严重的挫败感。但为了商业利益，他又重放了一次幻灯片，这次速度比前一次慢多了。之后，他强压怒气，问日方代表："怎么样？该看明白了吧？"然而，日方代表端坐在位子上，若无其事地摇摇头。美国的高级主管一下子泄气了，他灰心丧气地斜靠着墙边，松开他价值昂贵的领带，显得是如此心灰意冷，无可奈何。他对日方代表说："那么，那么……那么你们希望我们做些什么呢？既然我们所做的一切你们都不懂。"这时，一位日方代表慢条斯理地将他们的条件说了出来，他说得如此慢，以至美国高级主管像回答讯问似的，毫无斗志地斜坐在那里，稀里糊涂地应答着，他的思维已经紊乱了，信念被摧毁了，根本未作什么反对意见。结果，日本航空公司大获全胜，成果之大，连他们也感到意外。

大智若愚，不仅可以将有为示无为，聪明装糊涂，而且可以若无其事，装着不置可否的样子，不表明态度，然后静待时机，把自己的过人之处一下子说出来，打对方一个措手不及。

有一次日本的一个公司到美国去与一家公司进行贸易

谈判。谈判一开始,美方代表滔滔不绝地说个没完,想迅速达成协议。而日方代表却一言不发,只是挥笔疾书,把美方代表的发言全部记录下来,第一次谈判就这样结束了,日方代表也回国了。

六个星期之后,日本公司又派了另一个部门的几个人作为代表团来到了美国,进行第二轮谈判。这批新到的日本人,仿佛根本不知道以前协商讨论些什么问题,谈判只好从头开始。美国代表照样是口若悬河,滔滔不绝,日方代表又是一言不发,记下大量笔记又回去了。

又过六个星期之后,日本方面的第三个代表团又来到谈判桌旁,他们的全部活动只不过是第二个代表团的故技重演,记下了大量笔记又走了。

以后,第四个、第五个日本谈判代表团都是如法炮制。半年过去了,一年过去了,日本方面毫无反应,他们把美国公司弄得"丈二和尚摸不着头脑",只能抱怨日方代表没有诚意。

正当美国公司感到绝望时,日方公司的谈判代表突然来到了美国。这一次,日本谈判人员一反常态,在美方代表毫无思想准备的情况下,突然拍板表态,作出交易决策的方案,弄得美方措手不及,十分被动,损失不小。日本人一开始装得若无其事,既不表态,也不作任何形式的举动,让美方猜测不到他们的行动。这种寻找恰当的时机,趁人不备,出奇制胜的方法十分厉害,往往使谈判对手猝不及防,损失惨重。

但是，大智若愚，关键是心中要有对付对方的策略。常用“糊涂”来迷惑对方耳目，宁可有为而示无为，万不可无为示有为，本来糊涂反装聪明，这样就会弄巧成拙，失策于人。

外乱内整，内精外钝

“外乱内整，内精外钝”是兵法的韬略，但它也是一种做人艺术。

假装愚钝、让人认为你无能，让人忽略你的存在，而在必要时，能够不动声色，先发制人，让人失败了还不知是怎么回事。这是兵家的计谋，也是处世的韬略。

东汉末年，黄巾军揭竿而起，起义队伍日益壮大。当时，北海太守孔融被围困在都昌城中，黄巾军的围攻则越来越紧，孔融无法，只好让太史慈带兵突围，去请皇叔刘备前来援助。

突围谈何容易，黄巾军把城围得如铁桶一般，怎样才可冲出去呢?太史慈想了一个计策。太史慈骑马持弓，出了城，后边还有几个人拿着箭靶跟着。外面围城的黄巾军十分惊骇，马上严阵以待，准备厮杀。而太史慈则到城下的堑壕内，支好箭靶，往来驰射。射了一会儿，便回城去了。

过了几天，太史慈又出城射箭，围城的人大都不以为然，只有少数人还站着观看。这样十来天过去了，围城的人也都习以为常，他们躺在地上，一动也不动。

有一天早上，太史慈照例出城射箭，突然跃马扬鞭，冲出重围。等黄巾军想追赶时，已来不及了。不几天，太史慈搬来救兵，解了围城之困。

另外，愚钝或迟钝就像一把钝刀，其好处有二，一是砍不伤别人，二是也会使别人砍不伤自己。

魏晋时，阮籍是竹林七贤之一。魏国权臣司马昭原想同阮籍结为儿女亲家，让阮籍把女儿嫁给司马炎，即日后废掉魏帝建立西晋的晋武帝。阮籍不想卷入当时黑暗的政治，又不便明着反对，就借嗜酒而连醉60天。司马昭见他终日沉醉，连话也搭不上一句，只好作罢。以后，司马昭的心腹钟会多次访问阮籍，想请他谈谈对国事的看法，以便抓住把柄定他的罪。可阮籍整天酩酊大醉，不省人事，钟会开不了口，只好怏怏而回。

阮籍之醉可以说是真醉，也可以说是假的。真假不在这60天，而是他差不多一生都在醉，这个醉就是有意识的了。因为当时的政治极为险恶，文人要想保持清白而又得善终，难乎其难。

这种缺乏起码人身保障的情形，在整个传统社会中一直没有得到根本的改变，即使在政治不那么黑暗的时候，身为官宦的人也时常需要用装傻来避免落入难以解脱的困境。

明代大思想家王守仁，人称阳明先生，曾任刑部、兵部主事，因为触犯了大宦官刘瑾而受了廷杖，并被贬为贵州龙场驿丞。王守仁出了朝门，换上平民服装，立即上车前往贵州。过江时，他写了一篇吊唁屈原的祭文，又写了投江绝命辞，假装投江自尽。绝命辞传到京城，刘瑾听说王守仁已死，才打消了派刺客暗杀他的念头。

愚到不可及这一步,可谓鬼神莫测了。

《老子》说:"大成若缺,其用不敝。大盈若亏,其用不穷。大直若屈,大巧若拙,大辩若讷。躁胜寒,静胜热,清静为天下正。"

夸耀刀剑之锐利,别人必惧其锐利而远避,或尽可能使刀剑变成锯条。显示自己的聪明,别人必恐你的聪明来害人,并希望你变成傻子。

所以,大智若愚,抱朴守拙,实乃真聪明之大哲学。

6.把锋芒暂时藏起来

"自信人生二百年,会当击水三千里"当然是一种自信。但有些时候,比如才具尚不成熟,时势有所不利之时,你若一味地恃才逞强,锋芒毕露,不仅不能脱颖而出,也许还会锉锋断刃,折戟沉沙。聪明的人不仅善于露出锋芒,而且更善于藏匿锋芒。

君子藏器于身,待时而动

锋芒可以刺伤别人,也会刺伤自己,运用起来应该小心翼翼,平时应插在剑鞘里。所谓物极必反,过分外露自己的才华容易招致对手的嫉恨和陷害,尤其是做大事业的人,更应该修炼好"藏露"之功。

在现实生活中存在着这样一种自视颇高的人，他们锐气十足、锋芒毕露，处事不留余地，待人牛气冲天，有十分的才能与聪慧，就十二分地表现出来，这样的人往往在人生旅途上屡遭波折。

人这东西，“同患难易，共荣华难。”所以，在打江山时，各路豪杰会聚在一人麾下，锋芒毕露，一个比一个有本事。主子当然需要这样的人杰。但天下已定，这些虎将功臣不会江郎才尽，总让皇帝感到身边有诸多威胁。历史上有多少人因此而丢官丧命啊！所以，到了一定时候，一定要掩盖自己的才华，不要给人一种咄咄逼人的感觉。

洪应明在《菜根谭》中再三阐述君子不可太露其锋芒的思想，决非反复玩弄辞藻，实在是对处世经验的深切总结。“不可太露其锋芒”，并不是销蚀锋芒，而是指人应隐其锋芒，不要恃才恃权恃财而咄咄逼人。其实，隐藏锋芒也是一项强化自己的学识、才能和修养的过程，有利于培养自己处理各种人际关系的能力与技巧，是放弃个人的虚荣心而踏实地走上人生旅途的表现。

孔融是孔子的正宗嫡系子孙，孔融长大后在世事动乱的年代成了名士。孔融虽然是“大圣之后”，又在世事动乱的年代成了名士，也曾自许大志，表示要济危靖难，匡扶汉室，但他却缺乏政治见识与匡济大才。在任北海相期间，他的主要政绩是在建立学校、表显儒术、荐举贤良、吊死问生等方面。至于说到用兵打仗，这位大名士可就出尽洋相了。他在北海曾多次被黄巾起义军和袁绍的人马所围困，以至于“不能保障四境,弃郡而去”。一次他在都昌被黄巾军管亥部所困,多亏刘备派兵救援才解围而去。又一次在建安元年,袁绍之子袁谭率兵把孔融围在青州,一连数月,城内守兵只剩下百十来人,形势危在旦夕,而孔融却“凭几安坐,读书议论自若”。结果只落得“城坏众亡”,自己仅以身免,妻子儿女全部做了俘虏。一方面由于自视过高,议论不切实际,另一方面又因为所任非才,这样,在豪强纷争、群雄割据的东汉末年,孔融虽然“不肯碌碌如平居郡守”,但终究是无所建树,充其量只能做个名士而已。

孔融是当时比较正直的士族代表人物之一,他刚直耿介,早年刚刚踏入仕途,他就初露锋芒,纠举贪官,董卓操纵朝廷废立时,他又每每忤卓之旨,结果由虎贲中郎将左迁为议郎。后来在许昌,孔融又常常发议论或写文章攻击嘲讽曹操的一些措施。太尉杨彪因与袁术有姻亲,曹操迁怒于他,打算杀他。孔融知道后,顾不得穿朝服就急忙去见曹操,劝说他不要横杀无辜,以免失去天下人心,并且声称:“你如果杀了杨彪,我孔融明天就撩起衣服回家,再也不做官了。”由于孔融的据理争辩,杨彪才得免一死。建安九年,曹操攻下邺城,其子曹丕纳袁绍儿媳甄氏为妻,孔融知道后写信给曹操说:“武王伐纣,以妲己赐周公。”曹操不明白这是对他们父子的讥刺,还问此事出何经典,孔融回答道:“以今度之,想当然耳。”当时连年用兵,又加上灾荒,军粮十分短缺,曹操为此下令禁酒,孔融又一连作书加以反对。对于孔融的一再与自己作梗,曹操是早怀嫉恨的,只因当时北方形势还不稳定,而孔融的名声又太大,不便对他怎样。到了建安十三年,北方局面已定,曹操在着手实施统一大业的前夕,为了排除内部干扰,开始对孔融下手了。他授意别人诬告孔融"欲规(谋划)不轨",又曾与祢衡"跌荡放言"。罪状就是孔融以前发表的关于父母子女关系的那段言论。这样,在建安十三年八月,孔融被弃市,妻子儿女同时遇害。

在日常社会中,人们总是想方设法要出人头地,古时那些读书人哀叹:"人不知而愠,不亦君子乎!"可见人不知我,心里老大不高兴,这是人之常情。所以有才华的人便言语露锋芒,行动也露锋芒,以此引起大家的注意。但更有些深藏不露的人,好像他们都是庸才,胸无大志,实际上只是他们不肯在言语上露锋芒、在行动上露锋芒而已。因为他们有所顾忌,言语露锋芒,便要得罪旁人,这样,旁人便成为阻力,成为破坏者;行动露锋芒,便要惹旁人的妒忌,旁人妒忌,也会成为阻力,成为破坏者。

曾国藩曾说:"君子藏器于身,待时而动。"意思是说,君子有才能但不使用,而要待价而沽。天才能做到无此器最难,而有此器,却不思此时,则锋芒对于人,只有害处,不会有益处。所以古人说:额上生角,必触伤别人,不磨平触角,别人必将力折,角被折断,其伤必多。可见天才的锋芒就像额上的角,既害人,也伤己!如此来说,还不如没有。

《庄子》中有一句话叫"直木先伐,甘井先竭"。由此观之,人才的选用也是如此。一些才华横溢、锋芒太露的人,虽然容易受到重用提拔,可是也容易遭人暗算。

人生就是这样，当你得意时，切不可趾高气扬，目空一切，不要把自己看得太了不起、太重要。适度地收敛起自己的锋芒，夹起尾巴做人，掩饰起你的才华，才能顺利地走好你的人生之路。

强者露锋于外，反伤己身

大多数人都有张扬自己的表现欲和卖弄自己的兜售欲。而这种欲望常常会使自己心态失衡，举措失体，并很容易引起别人的侧目和反感，导致自己陷于被动的人际环境中，进而造成磨难不断，运途多舛。

苏东坡是宋代有名的文人，年青的时候，他仗着自己聪明，就颇有点恃才傲物、锋芒凌人的架式，只是王安石惜才，才给了他一点小小的惩罚。

有一天，王安石与苏东坡在一起讨论王安石的著作《守说》。这本书把一个字从字面上解释成一个意思。当他们讨论到"坡"字时，王安石说："'坡'字从土，从皮，'坡'就是土的皮。"苏东坡笑道："这么说，'滑'字就是水的骨啰。"王安石又说："'鲵'字从鱼，从兒，合起来就是鱼子。四匹马叫作'驷'，天虫写作'蚕'。古时候的人造字，是有它的含义的。"东坡故意说："'鸠'字是九鸟，你知道其中的原因吗？"王安石不知道苏东坡是开玩笑，连忙虚心向他请教，东坡笑着说："《毛诗》说'鸠鸠在桑，其子七兮。'加上他们的爹妈，一共是九个。"王安石一听，不说话了，心中暗暗觉得东坡虽有才，但不免轻狂了些。

过了不久,苏东坡由翰林学士遭到贬谪,削级降职,被皇帝派往湖州做刺史;三年期满,又回到京城。苏东坡在回来的路上便想:当年得罪这位老太师,也不知他生气了没有,回去得马上拜访他。所以,他还来不及安好家,便骑马往王丞相府奔来。

东坡到相府门口,立刻被门前的一些听事的小官吏引入门房。守门官说:"您在门房里稍稍坐一下,老爷正在睡觉,还没醒呢!"东坡点点头,便在门房内坐下了。

守门官走后,东坡一人等得无聊,便四下打量起来,看到砚下一叠整整齐齐的素笺,上面写着两句没有完成的诗稿,题着《咏菊》。他看了看笔迹,认得是王安石的,不由得笑了起来:"士别三日当刮目相看。二年前我看这老头儿下笔几千言,不用思索;二年后怎么江郎才尽,连两句诗都写不完!"于是取过诗稿念了一遍:

西风昨夜过园林,

吹落黄花满地金。

念完之后他连连摇头:"原来这两句诗都是胡说八道。"为什么呢?原来一年四季的风都有名称:春天为和风,夏天为薰风,秋天为金风,冬天为朔风。这首诗开头说:"西风",西方属金,这应该是说的秋季;可是第二句说的"黄花"正是菊花,它开于深秋,最能和寒风搏击,而且即便是焦干枯烂了,也不会落花瓣,所以说,"吹落黄花满地金",不是错误的吗?

苏东坡为自己发现了这个谬误而得意万分,兴之所至,

他忍不住举笔蘸墨，依韵续了两句诗：

秋花不比春花落，
说与诗人仔细吟。

写完，他又觉得有些不妥，暗想："如果老太师出门款待我，见我这样当面抢白他，恐怕脸面上过不去。"可是已经写了，想把它藏起来吧，万一要是王安石出来寻诗不见，又要责怪他的家人。

想来想去，终于他还是把诗原样放好，自己走出门来对守门官说："一会儿老太师出堂，你便禀告他，说苏某在这里伺候多时。只因初到京城，一些事没有办妥，明天来拜见。"说完，便骑着马回住所了。

过了不多久，王安石出堂，心内惦记着自己一首菊花诗还没有完韵，便径自往门房走来。坐定后，他一看诗稿，马上皱起眉头："刚才谁到过这里！"

下人们忙禀告："湖州府苏老爷曾来过。"王安石也从笔迹上认出了苏东坡的字，口里不说什么，心下直犯嘀咕。"这个苏轼，遭贬三年仍不改轻薄之性，不看看自己才疏学浅，敢来讥讽老夫！明天早朝，待我奏明皇帝，给他来个削职为民。"但转念一想："他不曾去过黄州，见不到那里菊花落瓣，也难怪他。"于是他细看了一下黄州府缺官名单，那里单缺一个团练副使；第二天便奏明皇上，把苏东坡派到那里去了。

苏东坡也知道是自己改诗触犯了王安石，他在公报私仇呢，无奈自己没办法，只得领命。

后人听到这个传说故事，都不免感慨万分：尽管苏东坡才高八斗，学富五车，可是他高傲、自负且锋芒太盛，只能拜倒在王安石脚下。“遭遇”王安石这样一位正人君子应该说是苏东坡的幸运，如果是撞在一个鄙俗小人的身上，他可就凶多吉少了。

第五章
低调做人是最隐蔽的养精蓄锐艺术

人人都有在社会上充分展示自我和张扬自我的愿望，但对自我的展示和张扬要基于足够的能力和能量。人常说："要想人前显贵，须得背后受罪"、"台上三分钟，台下十年功"，没有在"背后"和"台下"的艰苦磨砺和低调历练，是不可能"一飞冲天"和"一鸣惊人"的。

1.藏锋敛迹可避免陷于无益竞争

在一个群体或团队中,人人都希望自己首先“迈出众人行列”,成为脱颖而出的佼佼者。但社会竞争又暗藏着一个悖理的法则,这就是“枪打出头鸟”,或“出头的椽子先烂”。如果一个羽翼未丰的人积贮的能量尚不够,是万不可轻易崭露头角、过早卷入残酷的社会竞争的。在这种时候,最需要保持低调做人,只有首先学会当“孙子”,日后才能理直气壮地成为资深的“爷爷”。

在暗中修炼自己

孔子年轻的时候,曾经受教于老子。当时老子曾对他讲:“良贾深藏若虚,君子盛德容貌若愚。”即善于做生意的商人,总是隐藏其宝货,不令人轻易见之;而君子之人,品德高尚,而容貌却显得愚笨。其深意是告诫人们,过分炫耀自己的能力,将欲望或精力不加节制,是毫无益处可言的。

中国旧时的店铺里,在店面上是不陈列贵重的货物的,店主总是把它们收藏起来。只有遇到有钱又识货的人,才告诉他们好东西在里面。倘若随便将上等商品摆放在明面上,岂有贼不惦记之理。不仅是商品,人的才能也是如此。俗话说“满招损,谦受益”,才华出众而又喜欢自我炫耀的人,必

然会招致别人的反感,吃大亏而不自知。所以,无论才能有多高,都要善于隐匿,即达到"似无实有"的境界。

北魏节闵帝元恭,是献文帝拓扑弘的侄子。孝明帝时,元义专权,肆行杀戮,元恭虽然担任常侍、给事黄门侍郎,总担心有一天大祸临头,索性装病不起。过了一段时间,又对外说得了喉疾,连话也说不出来了。那时候,他一直住在龙华寺,和谁也不来往,就这样装哑巴装了将近十二年。孝庄帝永安末年,有人告发他不能说话是假,心怀叵测是真,而且老百姓中间流传着他住的那个地方有天子之气,元恭听了这个消息,急忙逃到上洛躲起来。没过几天就被抓住送到了京师。关了好几天,由于抓不到什么证据,不得已又放了他。

北魏永安三年十月,尔朱兆立长广王元晔为帝,杀了孝庄帝。那时,坐镇洛阳的是尔朱世隆。他觉得元晔世系疏远,声望又不怎么高,便打算另立元恭为帝,但又担心他真的成了哑巴。于是便派尔朱彦伯前去见元恭,摸清真实情况。事已至此,元恭也知道形势发生重大变化,见到尔朱彦伯后开口便说:"天何言哉!"十二年的哑巴说了话,彦伯大喜。不久,元恭即位当了皇帝。

与元恭相比,杨广做得更加出色,杨广少年时长得英俊潇洒,而且聪明伶俐,极善于察言观色,杨坚及皇后都很喜欢他。他十三岁的时候就被立为晋王,拜柱国、并州总管。杨坚曾让一位算卦先生给他的几个儿子看相,这位算卦先生说:"晋王的眉上双骨隆起,将来一定贵不可言。"

隋文帝晚年,太子杨勇失宠,杨广侦察到这一秘闻后,便极力“矫饰”起来。

首先,他针对杨勇多内宠引起皇宫内外议论这一点,极力显示自己对女色不感兴趣。他虽然合法地拥有众多姬妾,但只和正式配偶萧妃居处。

其次,凡是有人前去拜访他,无论贵贱,他必定和萧妃亲自迎送,招待周到。所以,一时间连宫中执役的下人也无不称赞他的仁孝。此外,他还专门收拾了一间房间,陈设朴素,在此服役的宫女既老又丑,并把故意弄坏的乐器放在角落里,不让人掸去灰尘,表示这类东西他是从来不碰的。文帝和皇后来看他,他就在这间屋子中和他们见面,使隋文帝觉得他不好声色,对他的宠爱因此与日俱增。

公元588年冬天,隋军向陈国展开进攻,杨广为行军大元帅。打败陈国之后,杨广就把陈国的所有府库都封起来,丝毫不取,听候处理。他的这一举动,深得隋文帝的欢心。

终于在杨勇废黜之后,杨广被正式立为太子。

杨广登基后的作为当然令人所不耻,因为他成了历史上有名的无道昏君。但此人在养精蓄锐、克制和掩饰自己方面,却能给人许多启迪。

在暗中寻求机会

在暗中寻求机会等于别人在明处,你在暗处,别人不容易观察你,你却容易观察到别人,根据条件变化制订自己的行动计划。

如果玩过扑克牌或看过电影上有关赌博的场面，你会为主角手上的底牌是什么、是否足以制胜而紧张。

其实在现实生活中,很多情况也很类似。别人也希望知道你手中的底牌是什么。身居高位的人,最忌别人一看他的脸色,一听他的言辞就知阴晴寒暑、雨雪风霜,为什么?

无论领导一个公司、团体或是带兵打仗,最需要的是让人们摸不透自己的心思,如兵法云:兵不厌诈,虚则实之,实则虚之,能而示之不能,战而示之不战。如果你不能推行诡道,不懂得心藏九天玄机,你就难以做到含而不露。如此,便会显现两大弊端:一是你的部属可洞悉你的心灵,使其可施展反操纵术,把你操纵于股掌之间。二是你的观点、主张、决策很容易被敌手掌握，那样，你的命运就只能受敌手摆布了。

要做到喜怒不形于色，关键是要含而不露，其优势在于,让敌手充分暴露,并且让他无法搞清自己的意图。攻之,可乘其不备,防之,可措置裕如。政治家胸怀九天,往往城府重重，深不可测，做到这一点必须使自己喜怒形色含而不露。

喜怒不形于色的要点是:一是在你欣喜、愤怒时,让别人看不出来,喜怒哀乐不露于形。二是做到你的形色或许是内心的反面表现,或许是你内心的真情流露,但都要能达到你想达到的目的,都要能为你的最终目的服务。

喜怒不形于色、含而不露必须要把握住迷惑对手的度,如果把握不好,过犹不及。在适当的时候也不妨“虚则虚之,实则实之”，以搅乱对方的判断思维。当然这种手段是必须以不使自己受到严重损害为前提的；喜怒不形于色、含而不露还应控制在让手下人能明白你的真实意图的度之中，否则，也会贻误事机。这一点就像孙子兵法中“用间”的策略。

低调做人无论在官场、商场还是政治军事斗争中都是一种进可攻、退可守，看似平淡，实则高深的处世谋略。

2.不显不露不会轻易遭遇敌手

社会越是发展，竞争就越是激烈。而这竞争一方面靠本事，另一方面也靠做人的姿态；没本事固然难以赢得竞争，光有本事而没有合适的姿态，也可能导致“出师未捷身先死”的悲剧。

少争风才能少吃醋

老实厚道，宽宏坦诚，不张扬地做人，往往无人打搅你，你尽可以静心地做你想做的事。

A女士与B女士同为辽宁大学新闻系毕业生，并分到同一家市级报社当记者。A女士在学校的时候成绩好于B女士，B女士是一位性格内向的女性，容貌比A女士姣好，在报社里是出了名的老实人，她只调查采访、写作品，连社里主编的名字都叫不上来。可她不断地有好新闻报道，被转到各大报上发表，她写的几部中篇小说有的还被拍成了电视剧。

为人妻后，在家是贤妻良母，在报社人缘极佳，生活很美满也很得意。而A女士的境况却不同了，她先是竞争一个部里的副主任，因资历上的原因失败了。后又准备竞选社里的办公室副主任，而这时关于她的种种谣言却传播出来了，什么在学校时就给一个老板当秘书，还在保持暧昧关系，什么在学校里就是一个“官迷”，而因为容貌不行同学都反对了等，特别是由于她和一个企业老板的暧昧关系的传言，目前也正和丈夫闹着矛盾，使她非常苦恼。当时她正在联系工作，一旦找到接收的单位，她打算离开这个“是非”之地。可她却还不明白，使她受窘的并非报社这个环境，而是她急于表现自己，不肯低调做人造成的，如果她不理智地反省自己，即使到一个新的单位，她的结局也好不到哪去。

退一步是为了进两步

列宁领导的伟大的苏维埃政权诞生伊始，也正是利用了低调做人这种韬光养晦之术避免了帝国主义的联合打击，争取了宝贵的时间，巩固了政权。

1917年俄历10月25日，列宁领导的十月社会主义革命取得了伟大胜利。十月革命虽然胜利了，但是新生的苏维埃政权仍然承袭着沙皇政府、资产阶级临时政府所遗留下来的沉重战争负担。列宁认识到，只有迅速使俄国摆脱战争，获得和平，才可能巩固新生的苏维埃政权、争取社会主义的胜利。而饱受了3年战争沉重折磨的俄国人民也正在强烈渴望着和平。

十月革命成功的第二天，全俄苏维埃第二次代表大会就通过了列宁起草的《和平法令》，向一切交战国的人民及其政府建议，立即进行公正、民主的和约谈判，签订不割地、不赔款的和约，实现和平。尔后，苏维埃政府几次向与俄国结盟的协约国各国政府建议，共同与德国及其盟国进行有关停战与签署和约的谈判。但英、法、美等国，仍然准备继续战争，国际帝国主义妄图用拖住俄国继续战争的方法来摧毁年轻的苏维埃共和国。当时，苏维埃政权面临着诸多危机：社会混乱、经济凋敝、反革命势力蓄意反扑，如果不能结束战争，新生的政权极可能毁于一旦。列宁经过深思熟虑，毅然决定单独与德奥集团谈判停战。

那时，单独与德奥举行停战谈判，是需要极大勇气与魄力的。德奥被认为是欧洲最反动的势力，苏维埃政府单独与之和谈，不仅欧洲各国人民，而且连许多国家的共产党也会产生极大的不满与误解。列宁权衡再三，以大局为重，坚决做出了单独和平谈判的决定。

但是，当时列宁在中央领导层内处于少数地位，大多数领导人反对他的判断，一些基层党委以及一些普通党员也不同意列宁的立场，而强烈反对苏维埃政权接受德国掠夺性和约条件。为了消除中央委员会内部在签订和约问题上的阻力，转变一部分主张革命战争的群众的情绪，给他们一段改变态度的时间，列宁建议竭力拖延谈判时间。在担任谈判代表团团长的托洛茨基动身去布列斯特—里托夫斯克前，列宁和他商定：德国人不下最后通牒，我们就坚持下去，等他们下了最后通牒，我们再让步。

1月28日，德国向苏俄提出了立即接受和约条件的最后通牒。托洛茨基违背了同列宁的约定，声明苏俄宣布停止战争、复员军队，但拒绝在和约上签字，随后退出谈判。德国利用这点，于2月16日宣布谈判失败，2月18日发动全面战争。在这危急关头，在列宁的坚决要求下，党中央会议经过激烈辩论，终于在当天晚上决定向德国发出接受和约的电报，但德国故意拖延答复，继续进攻。

德军迅速推进，攻占了大量城市，列宁发出了《社会主义在危急中！》的法令，号召全体人民起来回击侵略者，奋不顾身保卫苏维埃共和国。与此同时，他决定公开为缔结和约而斗争，他在《真理报》上发表文章，抨击拒绝和约就是把党、把苏维埃政权推上冒险和生存受到威胁的道路上。

23日，苏俄接到德方的答复，但它又提出新的、更苛刻的要求，并限定48小时内接受。为此，党中央召开紧急会议，托洛茨基继续反对签订和约，并声称辞去外交人民委员职务。列宁在会议中先后作了8次发言，力排众议，他激动地说："如果你们不签字接受这些条件，那么3个星期之后你们就得在苏维埃政权的死刑判决书上签字。"在列宁坚定不移的态度下，中央委员会终于通过了他的建议。当天深夜，全俄中央执委会会议也接受了同样的决议。这样经过列宁坚忍不拔的斗争，历时3个月的对德和谈冲破重重阻力获得成功。1918年3月5日，苏俄和德国签订了布列斯特和约。它使苏俄在极端困难的情况下摆脱了帝国主义战争，免除了军事失败的可能，赢得了恢复经济、建立红军、巩固工农联盟的宝贵的和平时机。

有时，一个国家都经受不住强大敌手的打击，需要收敛锋芒，何况个人呢？

因此，在你努力争取的目标上，还不具备绝对的制胜条件时，一定要注意避免和对手遭遇，宁可退避三舍，也不要急于交手。这对争取到最后的胜利绝对有益无害。人常说，谁笑到最后谁才笑得最好。

3.用谦逊赢得上司

如果你是个有较高修养的人，尽管是低姿态的，但仍然会透露出你与众不同的气质来，这样更能引起上司对你的关注和青睐。因为高水平的上司一定具有较为丰富的人生经验和高超的识人本领，对你的为人和本事，他是不会视而不见的。

调正自己的欲望和要求

低调做人，有益于调准自己的欲望和要求，有益于赢得上司的倚重和信赖。另外，低调做人，更不会表现出对抗性的性格特征，当然也不会引发上司的戒心。

现在美国已经有一些大公司开始摒弃“尽可能用最具竞争力的人”的原则，而奉行“找到那些一般的人，发掘他们

的能力即可”的原则。

每个企业都有大量的简单的熟练工作、脏累工作，即使现代化的企业也如此。安排一般的人去干，他们会全力以赴专心致志地工作，他们具有高昂的士气，创造出很高的工作效率，而不会有自卑感、沮丧感，不会感到大材小用。因为他们有“自知之明”，期望值并不高。像某些企业用解除劳教者当装卸工，他们感恩戴德地工作，因为起码企业解决了他的就业的问题。建筑行业招收大量农村临时工，这些工人干活很辛苦，收入也不太高，可干得很起劲，因为毕竟比在农村强多了。

一位教师已经41岁了，刚从外地调回北京，一直没有找到对口单位。一家科研所在众多应聘者中录取了他。与许多人相比，他回京后一直受失业困扰，如果录取他，他会很珍惜这次机会的。年龄大点，反而更踏实，来个研究生说不定哪天就“飞”了。学历虽不高，但他吃过苦，有实践经验，进步不会慢。后来，他果然成为单位的业务骨干。

从一定意义上讲，领导是离不开“一般人”的，全是高学历、高素质人员组成的企业人才结构，未必是最佳结构。

如果有人想，何必那么费事，干脆把他们全解除合同，改用优秀人才多好。实际上这样效果并不好，较优秀人才不一定能做好那些工作。比如你需要一位录入员，每日向电脑录入各种数据做市场分析，把这份工作交给一位清华大学毕业的软件工程师，不需要多长时间，他就会感到工作单调乏味，失去了工作兴趣，自然就会出差错。可如果你交给一位中专毕业的小姐来做,她会非常热爱这份工作的,会高兴地向同学们炫耀在铺着地毯的微机房工作是多么惬意。

最后,再把这个问题延伸一下,企业无疑是需要大批精英俊杰的,可是雇用太多的高级工程技术人员、管理人员对企业并不利。因为与他们地位相称的职位很少,一旦没有合适的职位,他们一定会不满意的。因此一开始就要考虑,不要把一切都寄望于那些资历深、学历高的人员身上。

正是出于这样的考虑,上司在用人上也不能不考虑自己的安全,避免"引狼入室"。同时还要考虑费用和凝聚力,对于姿态上低调、工作上踏实的人,上司们更愿意起用他们。如果你幸运的话,还很可能被上司意外地委以重任。

让上司在低微处发现你

法国资产阶级启蒙思想家孟德斯鸠说过:"谦虚是不可缺少的品德。"

美国总统克里斯生平有两则脍炙人口的逸事,在这些逸事中我们可以发现一种极为成功而且有趣的驭人术。

众所周知,克里斯是以低调做人而闻名的,第一则逸事即是他的低调做人。

克里斯在阿姆斯特大学的最后一年,获得了一枚金质奖章,它是由美国历史学会奖给的最高荣誉。这在全美国来讲,也是人人歆羡的,可他没有向任何人炫耀,甚至连自己的父母都没相告。毕业后,聘用他的法官伏尔特,无意中从6周以前一份杂志的消息中发现了这一记载。这使他对克里斯倍加赞赏与青睐,不久便给了他一个很重要的职位。

在克里斯的全部事业中，从一名小小的职员一直上升为著名的总统，常以这种真诚低调做人的风貌出现在众人眼里。他的身价也由此而更高。

克里斯的第二件逸事是:从表面上看,正好与他低调做人的美德相反,但仔细分析,其实质仍是出自于低调做人。

还是在克里斯从事麻省省议员连任竞选的时候，在进行投票的前一晚,他将一个小而黑的手提袋包装好,急步向雷桑波顿车站走去，因为他忽然听到省议会议长一席空缺的消息。两天以后,他从波士顿回来,而他那小而黑的手提袋里已装满了多数议员同意他为省议会议长候选人的签名。就这样,克里斯开始正式踏上自己的政治生涯,就任麻省省议会议长职务。

在适当的时机、对着合适的人，这位历来低调做人的人,用最敏捷的方法脱颖而出。真是“不鸣则已,一鸣惊人;不飞则已,一飞冲天”。

可见,在平素以真诚的谦逊待人,博得大众的好感,为自己事业的腾飞奠定基础;一旦时机成熟或者机遇已到,就要充分利用低调做人所带来的荣誉,一蹴而就,达到目的。

另一个以谦逊闻名于世的人，便是美国南北战争时期南方联盟的战将杰克逊。

有人说“天赋的低调做人”是杰克逊显著的特性和优秀的品质。

还在西点军校时,杰克逊便以谦逊著称。在一场他指挥的名为“石城”的获胜战役中，他却一再坚持说，功劳应属于全体官兵，而不属于他自己。还有一次，在墨西哥战斗中，总司令斯哥托对他的指挥能力予以了极高的评价，而杰克逊却从未向任何人提起过这事。

不过，杰克逊并不是视功名如粪土，从墨西哥战争开始时他给姐姐的一封信中便可以看出，他充满了树立声誉、博得大众注目的计划，只是因为那个时候他只不过是一个空有其名的副官。在他后来的事业进程中，这位勇敢、低调做人而聪明过人的人，巧妙地运用了他向上进取的每一步计划，使斯哥托将军大为好感，在他的手下，杰克逊得到了不断的提拔。

对此，我们不难看出，杰克逊的谦逊的两重性与克里斯何等相似！这些人所不愿声张的，只是那些一定会为人所知道的事情。而当他的至关重要的功绩被人们忽略时，他们也会立即采取必要的行动来标识自己的——只是这是一种实事求是的标识罢了。

所以，只有目光短浅、胸无大志的人才会时时标榜自己做了什么，有时为了标识自己，甚至在大众面前掩饰自己的过失。而像杰克逊、克里斯等伟大的人物却并非如此，他们都能超脱这种浅薄的虚荣。他们深知，人们所乐意接受和尊敬的是低调做人的人。

一个有功绩而又十分低调做人的人，他的身价定会倍增。

对于谦逊，我们还要指明一点的是：在这个现实的世界，过度的谦虚并不是一种可取的美德。低调做人与恰当时候的自我标识相结合，也是一个人获得成功的途径之一。

谦虚的人恪守的是一种平衡关系，即使周围的人在对自己的认同上达到一种心理上的平衡，让别人不感到卑下和失落，非但如此，有时还能让别人感到高贵，感到比其他人强，即产生任何人都希望能获得的所谓优越感。

所以，不让别人感到失落和使别人产生优越感的秘诀之一便是在他面前恰当地表现自己的谦逊。

所以，低调做人的人才容易不受别人排斥，才容易被社会和群体吸纳和认同。

敦厚之人始可托大事

古今中外，那些过分张扬、锋芒毕露之人，不管功劳多大，官位多高，最终多数不得善终，这是尽人皆知的历史教训。

汉“三杰”之一的张良未出名前曾有一次到下邳的桥上散步。有一个老人，穿着粗布短衣，走到张良跟前，故意将鞋子掉到桥下，回头对张良说：“小孩子，下去捡回我的鞋子！”张良很惊讶，想揍他一顿。只因为对方是老年人，便勉强忍耐，到桥下拾回鞋子。老人说：“给我穿上鞋子！”张良想既然已经把鞋子拾上来，就挺身跪着给他穿鞋。老人伸着脚让张良穿上鞋，然后笑着离开了。张良很惊奇，随着老人的去向注视着他。老人走了一里地左右，又返回来，对张良说：“你这个孩子，可以教育。五天之后的天将亮时，和我在这里相会。”张良感到很奇特，便跪着说：“可以。”

五天后的天将亮时，张良就到下邳桥上去，可是老人已经先在那里。老人生气地说：“与老年人约会，为什么后到呢？”说罢离去，但留下话说：“五天之后早点来！”第五天，鸡一叫，张良就去桥上，老人又先在那里了。老人又生气地说：“为什么又来晚了？”说罢离去，又留下话说：“过五天后再早点来！”第五天，还不到半夜，张良就到桥上去了。不一会儿，老人也来了，高兴地说：“应当这样做。”而后拿出一部书，对张良说：“读了这部书，就能够做王者的老师了。过十年之后，你会转运；过十三年之后，你到济水之北见我，谷城山下有块黄石头就是我。”天亮后，张良看这本书，原来是《太公兵法》。张良对此很珍视，经常诵读它。后人常把此书称为《黄石公三略》。

张良喜得这部兵书后，就开始认真地学习、研究。汉高祖刘邦在沛县兴兵反秦后，张良就成为汉高祖刘邦的谋略大师，帮助刘邦夺得天下。尔后，张良激流勇退到了济北，果然见到谷城山下有块黄石。

黄石公与张良并不是邂逅相遇，黄石公也绝不会把这样一部重要著作随便就交给只为他拾回一次鞋再穿上的人，他是经过长期观察和考验才决定的。张良正是凭着稳重、容忍、不喜张扬的气质赢得了黄石公的最后考验。

4.用低调打造自己

低调做人是一个休整自己的过程，或者说是一个“休养生息”的过程，是一个“高筑墙、广积粮、缓称王”的过程。只有“缓称王”，才能有更多的时间打造自己、充实自己和完善自己，才能励精图强并励精图治，才能静以修身，俭以养德，在寂寞中陶铸自己的雄才大略。

不要被无聊的事牵扯精力

不要为名利所累，一定要抓紧有效时间多做有利于奠定人生基业的大事。

在现实生活中，每每会见到一些名人尤其是名演员、名歌星、球星受到人群的围观骚扰，连散步、购物之类的基本行动自由都难以保证；至于因名声引来各种各样千奇百怪的麻烦事乃至灾祸，在报刊上也时有所见。

“我的上帝，我此后的生活又将怎样呢？”

这是当时年仅31岁的李政道获悉自己荣获诺贝尔奖时发出的一声感叹。他当时的心情并不如一般人所想象的那样，全是被欢欣与高兴所充斥，而是更长远地考虑到了自己获奖之后的人生道路该怎样走。众多的事实表明，获奖尤其是获诺贝尔奖—— 一项举世瞩目的大奖，能使获奖的科学家在一夜之间成为人人皆知的名人，而这对于他们日后包括科学研究在内的各项人生抉择，都将产生很大影响。这种影响在负面的意义上，至少有这么几项：获奖使获奖者与自己以往亲密的同事之间划出了鸿沟，造成了一定的距离；少数获奖后的科学家将主要精力转移到社会领域与政治活动中，自觉或不自觉地充当了社会贤明的角色；因为公众将他们视为权威，所以他们也不时遭受到名人所遭受的骚扰，等等。从而对他们继续潜心于科学的研究，会带来不利的影响。有一位诺贝尔奖获得者曾这样回忆说："我得奖的那一年真糟糕，得奖当然是好极了，但一年内我什么工作也没做。"

先哲有言：毁或无妨，誉则可怕。如果不能正确对待名和利，那么已有的名利其反面效应也是相当危险的，尤其是对于那些人生观确立不太牢靠，在事业上浅尝辄止的人而言，很容易被捧杀，造成了他的事业与人生的昙花一现。

因此，我们要视名利为烟云，当名利场中的过客，万不能因名利而高人一等。这主要包括三个方面：首先，对于不属于自己应得的名和利，绝不可要，否则，在日常生活中，做一个沽名钓誉者，即使能暂时获得某些大红大紫的得意和快意，日后真相大白时，也必有无穷无尽的烦恼接踵而来；其次，对于那些勉强可以得到的名和利，要有一种谦让的精神，将其推让与其他人，这既会增加同事间彼此的友好关系，又是个人具有自知之明的一种表现；再次，即使是自己应得的名和利，也要善于将其化为前进的动力，绝不能使之成为人生的负累、前进的阻力，也不能把名利当作炫耀的资

本。我们知道,满桶水不响,半桶水晃荡,绝不能作"半桶之水"! 须知天外有天、人外有人的境况确实存在。功成名就要有一种谦逊的态度,自觉地在名利场中作看客,则表明他有一种广阔的心境,自然能自得其乐。《菜根谭》中说:世人只知道拥有名声地位是令人快乐的事,却不知道没有名声地位的快乐才是真正的快乐;世人知道挨饿受冻是令人忧虑的事情,却不知道不愁吃不愁穿但精神上有某种痛苦才是真正的痛苦。其意思也就是告诉我们,平凡的人生才是幸福的人生,静静地生活,静静地享受,用不着去承受大起大落,也用不着去承受大富大贵。只可惜世人都不珍惜自己拥有的平凡生活,为名利终日忙碌,四处奔波,等真正明白什么是幸福时,已为时晚矣。世人不辞辛苦地为了更高的职务、更多的利益,不惜绞尽脑汁寻找达到目标的手段和妙方,孰知这就在不知不觉中玷污了自己纯洁的心灵,即使是捞到了丁点名利上的好处,却已不受人喜爱,这才是真正的悲剧。尽管《菜根谭》中的观点有些明哲保身的消极思想,但其中也包含着不可忽视的真知灼见。

让本来属于自己的可以享受天伦之乐的时间、应该花在所衷爱的事业上的时间,用在了为名利的终日忙碌、四处奔波上,做了无用功,这岂不是可惜!

先潜下心来,后伸出手去

吟出"惜秦皇汉武,略输文采,唐宗宋祖,稍逊风骚,一代天骄成吉思汗,只识弯弓射大雕"词句的一代伟人毛泽东,到晚年仍然佩服曾国藩,说他是“地主阶级中最厉害的人物”。可见毛泽东“独服曾文正公”的情结。

曾国藩真无愧是一面“人镜”,他可以识人、识事,尤其可以恰到好处地修行自己,坦然应对不利的局面,化不利为有利。

曾国藩是在他的母亲病逝、在家守丧期间响应咸丰帝的号召,办团练组建湘军的。不能为母亲守三年之丧,这在儒家看来是不孝的。但由于时势紧迫,他听从了好友郭嵩焘的劝说,“移孝作忠”,为清王朝出山了。

可是,他的锋芒太露,因此处处遭人忌妒,受人暗算,连咸丰皇帝也不信任他。1857年2月,他的父亲曾麟书病逝,清朝给了他三个月的假,令他假满后回江西带兵作战。曾国藩伸手要权被拒绝,随即上疏试探咸丰帝说自己回到家乡后日夜惶恐不安。“自问本非有为之才,所处又非得为之地。欲守制,则无以报九重之鸿恩;欲夺情,则无以谢万节之清议。”咸丰皇帝十分明了曾国藩此一试探性的口吻,咸丰见江西军务已有好转,曾国藩此时只是一只乞狗,效命可以,授予实权万万不可。于是,咸丰皇帝朱批道:“江西军务渐有起色,即楚南亦就肃清,汝可暂守礼庐,仍应候旨。”假戏真做,曾国藩真是哭笑不得。同时,曾国藩又要承受来自各方面的舆论压力。此次曾国藩离军奔丧,已属不忠,此后又以复出作为要求实权的砝码,这与他平日所标榜的理学家面孔大相径庭。因此,招来了种种指责与非议,再次成为舆论的中心。朋友的规劝、指责,曾国藩还可以接受,如吴

敏树致书曾国藩谈到“曾公本以母丧在籍，被朝命与办湖南防堵，遂与募勇起事。曾公之事，暴于天下，人皆知其有为而为，非从其利者。今贼未平，军不少息，而叠遭家故，犹望终制，盖其心诚有不能安者。曾公诚不可无是心，其有是心而非讹言之者，人又知之。……奏折中常以不填官衔致被旨责，其心事明白，实非寻常所见。”吴敢把一层窗纸戳破，说曾国藩本应在家守孝，却出山，是“有为而为”。上给朝廷的奏折有时不写自己的官衔，这是存心“要权”。在内外交困的情况下，曾国藩忧心忡忡，遂导致失眠。朋友欧阳兆熊深知其病根所在，一方面为他荐医生诊治失眠，另一方面为他开了一个治心病的药方，“岐、黄可医身病，黄、老可医心病”。欧阳兆熊借用黄、老来讽劝曾国藩，暗喻他过去所采取的铁血政策，未免有失偏颇。

朋友的规劝，不能不使其陷入深深的反思。

自率湘军东征以来，曾国藩有胜有败，四处碰壁，究其原因，固然是由于没有得到清政府的充分信任而未授予地方实权所致。同时，曾国藩也感悟到自己在修养方面也有很多弱点，在为人处世方面固执己见，自命不凡，一味蛮干。后来，他在写给弟弟的信中，谈到了由于改变了处世的方法而引来的收获，“兄自问近年得力惟有一悔字诀。兄昔年自负本领甚大，可屈可伸，可行可藏，又每见得人家不是。自从丁巳、戊午大悔大悟之后，乃知自己全无本领，凡事都见得人家有几分是处，故自戊午至今九载，与四十岁以前迥不相同，大约以能立能达为体，以不怨不尤为用。立者，发奋自强，站得住也；达者，办事圆融，行得通也。”以前，曾国藩对官场的逢迎、谄媚及腐败十分厌恶，不愿为伍，为此所到之处，常与人发生矛盾，从而受到排挤，经常成为舆论讽喻的中心，“国藩从官有年，饱历京洛风尘，达官贵人，优容养望，与在下者渐疏和同之气，盖已稔知之。而惯尝积不能平，乃变而为慷慨激烈，轩爽肮脏之一途，思欲稍易三四十年不白不黑、不痛不痒、牢不可破之习，而矫枉过正，或不免流于意气之偏，以是屡蹈愆尤，丛讥取戾。”经过多年的实践，曾国藩深深地意识到，仅凭他一人的力量，是无法扭转官场这种状况的，如若继续为官，那么唯一的途径，就是去学习、去适应。“吾往年在官，与官场中落落不合，几至到处荆榛。此次改弦易辙，稍觉相安。”此一改变，说明曾国藩在宦海沉浮中，日趋成熟与世故了。

然而，认识的转变过程，如同经历炼狱再生一样，需要经历痛苦的自省，每当曾国藩自悟昨日的是与非时，常常为追忆昔日“愧悔”的情绪氛围所笼罩。因此，在家守制的日子里曾国藩脾气很坏，常常因为小事迁怒诸弟，一年之中和曾国荃、曾国华、曾国葆都有过口角。在三河镇战役中，曾国华遭遇不幸，这使曾国藩陷入深深的自责。在其后的家信中，屡次检讨自己在家期间的所作所为。如，在1858年12月16日的家信中写到，“去年在家，因小事而生嫌衅，实吾度量不宏，辞气不平，有以致之，实有愧于为长兄之道。千愧万悔，夫复何言！……去年我兄弟意见不和，今遭温弟之大变。和气致祥，乖气致戾，果有明征。”1859年1月6日，又提到，

"吾去年在家,以小事急竟,所言皆锱铢细故。洎今思之,不值一笑。负我温弟,既愧对我祖我父,悔恨何极!当竭力作文数首,以赎余愆,求沅弟写石刻碑。亦足少抒我心中抑郁悔恨之怀。"在经历了一段时期的自省自悟以后,曾国藩在自我修身方面有了很大的改变。及至复出,为人处世不再锋芒毕露,日益变得圆融、通达。

曾国藩本不懂军事,在屡次升迁后,作为汉人也使众多的满族官吏心怀嫉妒,曾国藩能激流勇退,不断地利用韬光养晦之术,既不断地发展壮大自己,又能使人心悦诚服,难怪使毛泽东也钦佩不已。

5.低调做人更能使你长成参天大树

如果你被上司安置在不被人关注的位置上,特别是当你羽翼未丰的时候,那是你的幸运。因为这样的位置很少被干扰,没有竞争,你可以像参禅者那样,潜心修行专业,修行处世之道,从而更容易长成参天大树。

从卑微处起步,更益于立身

现今,日本国民中广为传颂着一个动人的小故事:许多年前,一个妙龄少女来到东京帝国酒店当服务员。这是她涉世之初的第一份工作,也就是说她将在这里正式步入社会,迈出她人生第一步。因此她很激动,暗下决心:一定要好好干！她想不到：上司安排她洗厕所！

洗厕所！实话实说没人爱干，何况她从未干过粗重的活儿，细皮嫩肉，喜爱洁净，干得了吗？洗厕所时在视觉上、嗅觉上以及体力上都会使她难以承受，心理暗示的作用更使她忍受不了。当她用自己白皙细嫩的手拿着抹布伸向马桶时，胃里立刻"造反"，翻江倒海，恶心得几乎呕吐却又吐不出来，太难受了！而上司对她的工作质量要求特别高，高得骇人：必须把马桶抹洗得光洁如新！

她当然明白"光洁如新"的含义是什么，她当然更知道自己不适应洗厕所这一工作，真的难以实现"光洁如新"这一高标准的质量要求。因此，她陷入困惑、苦恼之中，也哭过鼻子。这时，她面临着这人生第一步怎样走下去的抉择：是继续干下去，还是另谋职业？继续干下去——太难了！另谋职业——知难而退？人生之路岂有退堂鼓可打？她不甘心就这样败下阵来，因为她想起了自己初来时曾下过的决心：人生第一步一定要走好，马虎不得！

正在此关键时刻，同单位一位前辈及时地出现在她面前，帮她摆脱了困惑、苦恼，帮她迈好了这人生第一步，更重要的是帮她认清了人生路应该如何走。而他并不是用空洞的理论去说教，只是亲自做个样子给她看了一遍。

首先，他一遍遍地抹洗着马桶，直到抹洗得光洁如新；然后，他从马桶里盛了一杯水，一饮而尽喝了下去！竟然毫不勉强。实际行动胜过万语千言，他不用一言一语就告诉了少女一个极为朴素、极为简单的真理：光洁如新，要点在于

“新”,新则不脏,因为不会有人认为新马桶脏,也因为背后马桶中的水是不脏的,是可以喝的;反过来讲,只有马桶中的水达到可以喝的洁净程序,才算是把马桶抹洗得“光洁如新”了,而这一点已被证明是可以办到的。

同时,他送给她一个含蓄的、富有深意的微笑,送给她一束关注的、鼓励的目光。这已经够用了,因为她早已激动得几乎不能自持,从身体到灵魂都在震颤。她目瞪口呆,热泪盈眶,恍然大悟,如梦初醒!她痛下决心:

“就算一生洗厕所,也要做一名最出色的洗厕人!”

从此,她成为一个全新的、振奋的人;从此,她的工作质量也达到了那位前辈的高水平,当然她也多次喝过厕水,为了检验自己的自信心,为了证实自己的工作质量,也为了强化自己的敬业心;从此,她很漂亮地迈好了人生第一步;从此,她踏上了成功之路,开始了她的不断走向成功的人生历程。

几十年光阴一瞬而过,如今她已是日本一家著名商社的董事长。她的名字叫家田惠子。

她是从一个不被关注的职位上成长起来的。在这里,她受到了锻炼,也经受了考验,正是在这个卑微的位置上,她长成了参天大树。

不显眼的花草少遭摧折

在不被人关注的岗位上工作,很少与别人发生矛盾,你的秘密也不容易被人知晓,你可以节省许多宝贵的时间——用来应付不必要烦恼的时间，来静心地做自己的事，而不会有人来妨碍你。

有些大作家、大学者怕的就是经常有人来打扰他，有时不得不挂上“谢绝来访”的牌子，才能免去那些被骚扰的烦恼。

历史上的苏秦、张良、诸葛亮大都是在这样的环境中修炼成旷世之才的。所以我们要干一项事业，在实力和规模还不足以搏击长空的时候，就不能与人家硬拼，而应该在不显山不露水中悄然发展。

有这样一段地方志记载：古时候在我国北方边陲，两个部落之间发生争战，结果一个部落被打败，胜利者决定杀死被打败部落里的十岁以上的所有男人，但有一个十四岁男孩却幸免于难。

当一个首领将矛刺向卧伏在草丛中的这个男孩的时候，被另一个头目制止住了，原因是这个大男孩看起来很愚钝，当矛刺向他的时候，他仍然傻乎乎地看热闹，也不知求饶，更不知反抗和逃跑。于是，这个男孩幸存下来，他与其他十岁以下的男童，被当作未来的奴隶留了下来。

但事实上，那个十四岁的男孩非但不傻，而且智慧超群，他的名字叫关山，在他二十九岁的时候，他率领本族人最终杀败了他的仇敌，报了血海深仇。当初若不是他装出很呆滞、很柔弱的样子，也早被杀死了。可见，在处境不利于自己生存和发展的时候，让自己不引人注意或者不使人关注就能保全自己的有生力量，以图东山再起，另谋大计。

《四十二章经》中说:“人之随其情欲而追求华名,就像烧香时,众人虽闻其香,而香则仍然自熏自燃。”

佛教对人们不懈地追求没有任何实际价值的名声的行为,一向是贬斥的。日莲和尚曾说:“被愚人所称赞乃是最大的耻辱。”

人们不懂得名声就是虚名, 时常有人稍有名气就到处扬扬得意地自夸,喜欢被一些人奉承。

聪明人知道,名声没有实体,它仅仅是偶尔因人们的喧嚷与传播,成为人们谈论的话柄。

一个具有高深德行而又能淡泊明志的人, 一定会受到那些热衷名利的人所怀疑; 一个言行谨慎处处检点的真君子,常常会遭到那些邪恶放纵肆无忌惮的人的嫉妒。所以当不幸处在这种既被猜疑而又遭忌恨的恶劣环境中, 最好不要哗众取宠,而应凭借自己的才华和节操创造立世的根基。

战国时期,魏国国王向楚怀王赠送了一名美女。这名美女生得眉清目秀,可与春秋时的西施相媲美。楚怀王自然对她非常倾心,并取名珍珠。真是捧在手上怕掉了,含在口中怕化了。二人整天形影不离。

楚怀王原本有一名爱妾,名叫郑袖。珍珠未来之前,怀王整天与她在一起,而今来了一个珍珠,怀王对她渐渐疏远了。郑袖对怀王的移情别恋十分恼火,同时对珍珠嫉妒得几乎发狂。但是,郑袖没有大吵大闹,她知道那样做会对自己不利,所以表面上,郑袖对珍珠百般疼爱,视为自己的亲妹妹,稍有空就跟她聊天,以此向怀王表示,她对珍珠也十分爱惜。

有一天,郑袖偷偷地对珍珠说:“大王对你很满意,也非常宠爱你,不过,对你的鼻子他好像有点看不惯,大王曾在我面前说了几次,因此以后你在大王面前,一定要将自己的鼻子捂住。”珍珠压根不知道,这竟是郑袖设的圈套。从此她在怀王面前,总是一只手捂住鼻子,并作出不情愿状。怀王莫名其妙,便来询问郑袖。开始郑袖故意装出一副迟疑的样子,欲言又止。“别害怕,有什么就说出来嘛!”怀王说道。“她在我面前说大王有体臭,并说特难闻。因此她就捂住自己的鼻子了。”

楚怀王脾气十分暴躁,他听完郑袖的话,盛怒之下,将珍珠处以割鼻子的劓刑。郑袖又回到了怀王的怀抱。珍珠空负美女之名,不知道保护自己,最后的下场实在可悲。

以上讲的都是一些发人深省的例子,它告诫我们:不适宜或不识眉眼高低地出风头、争名誉、争地位有时是很危险的。

因此,无论我们是身在职场上,还是商场上,有时老板和上司会将我们安排到不被人关注的地方,千万不要认为这是对自己的贬谪或惩罚,殊不知这恰好为我们提供了一个打造意志、养精蓄锐的契机,谁说这不是一种福分呢?

6.要想人前显贵,须得背后受罪

自助者天助之。付出的比常人多,得到的当然也应该超过常人,这就是所谓的"天道酬勤"。要出人头地,要人前显贵,不在背后吃苦受罪,就无异于在梦中建造空中楼阁。

要知道,今天富翁吃的是海鲜,昔日却吃过野菜。只看到别人眼前所享之福,却不知人家背后所受之罪,这样的人,实在是太简单了!

要想"胜人一筹",先学"低人一等"

对那些已经站在人生金字塔上的人,你只要去研究他的攀爬经历就会发现:他也一定有过坎坷和屈辱,他也一定曾经"低人一等"过,只不过是他不甘现状,不甘人下,比常人付出了更多的努力,而后才攀上人生巅峰的。

郭宏伟是一所理工大学的英语教师,他讲的课一直深受学生欢迎。后来就为"托福"考试办培训班。在办班的几年时间里,郭宏伟除了赚取一定数量的钱之外,还开阔了眼界,脑筋变得灵活了。

1994年,郭宏伟下定决心,离开了曾经工作过6年的大学校园,到北京的一家俱乐部工作。北京的俱乐部大多数为会员制,要想有所发展,必须要大力发展会员。而在俱乐部里，衡量一个人的工作业绩，主要是看他又发展了多少会员，以及售出去了多少张会员卡。他的上司告诉他，你现在唯一需要做的，就是一件事：售卡。

那段时间里，郭宏伟对一切都感到生疏，也没有什么可以利用的关系。他决定采取一个初入道者都采用过的笨办法：扫楼。“扫楼”是业内人士的术语，即是大大小小的公司都聚集在写字楼里，你要一家一家地跑，一家一家地问。那种情形就跟扫楼差不多。当然，你必须要找经理以上的高级管理人员，最好是总裁，普通的白领是难以接受价格不菲的会员卡的。

郭宏伟的生活从此开始发生了180度的大转弯。如今，他变成了一个厚脸皮、人人讨厌的推销员，那是一种什么样的感觉？他心理上的失落感十分强烈。他对自己的选择表示怀疑了，如果留在学校里教书不是挺好吗？

郭宏伟渐渐发现，那些冷如冰霜的客气，其实还是对他最大的礼遇，因为公司里的秘书小姐可以随便找个理由将他拒之门外。她们也知道对于推销员该怎么对付。在许多公司的大门上都贴着一句话：谢绝推销，推销人员禁止入内！在这种情况下，他得装出一副视而不见的样子，而且会大说特说其俱乐部的好处，一直说到别人大动肝火。

有一个朋友问过郭宏伟关于“扫楼”的事情。那个朋友轻描淡写地说：“扫楼”是不是很威风，一层一层，挨门逐户，就像鬼子进村扫荡一样的？郭宏伟听完这番话，就有一种想哭的感觉。往事不堪回首。他至今还清楚地记得“扫楼”之初

的那种艰难困苦。他曾经精确地统计过，他“扫楼”的最高纪录是一天内跑了7栋写字楼，“扫”了58家公司，浑身的感觉就像是散了架一样，腿和脚都不是自己的了，别说走路，再想挪动一下都困难。那天晚上，他坐电梯从楼上下来，在电梯间里，他感到自己的胃里正在一阵阵痉挛、抽搐、恶心，唯一的想法就是找个清静的地方大吐一场。他那时才记起自己已是12个小时滴水未进了。

如果推销会员卡只有“扫楼”这一种方式，那么很少有人能够坚持下去，也很少有人能够成功。“扫楼”只是步入这种行业的初始阶段，秘诀还是有的。后来，郭宏伟明显地感觉到“扫楼”给他带来的好处。大约四个月后，郭宏伟开始出现在俱乐部召开的各种招待酒会上。出席这类酒会的人，都是些事业有成、志得意满的公司老板和个体商人，也就是老百姓所说的大款。郭宏伟此时与他们接触，不再像当初那么放不开了，已经是驾轻就熟了。那些如同铁板一样的面孔不见了，那些刺痛人心的冷言冷语不见了。现在出现的可能是真正意义上的彬彬有礼。他感到一下子就放开了自己。他知道他们需要什么，知道他们需要听从什么样的劝告。这是很重要的，因为他一下子就能拉近与他们之间的距离。他的语言，他的讲解，也不是那样干巴巴的，仿佛带有一种难以抗拒的鼓动力。他告诉他们，俱乐部将会给他们最为优质的服务，而购买价格昂贵的会员卡，那就是一种地位、身份和财富的象征。

在一次专为外国人举办的酒会上，似乎没有人比他更为活跃了。别忘了，他有一口纯正、流利的英语，使他一下子就与老外们打成了一片。他曾经一个下午同时跟五个老外推销会员卡，结果他竟然售出了六张会员卡，其中有一个人多买了一张，是送给他朋友的。每张会员卡3万美金，每售出一张会员卡，销售人员可以从中提取10%~20%的佣金。郭宏伟一下午的收入就很容易推算了。或许正因为收入的丰厚，而且也不需要经过特殊准备，越来越多的年轻人在这种诱惑下，开始进入俱乐部的大门，开始成为新的一批“扫楼”者。

那以后，郭宏伟在几个俱乐部之间跳来跳去。到了1998年初，他终于在一家俱乐部安营扎寨。他已经不用再去“扫楼”了，即使是参加招待酒会，他也不用怂恿别人去买会员卡了。他有良好的学历，他有良好的敬业精神，他有良好的销售业绩。所以，他从销售员、销售经理、销售总监一直坐到了俱乐部副总裁的位置上。显然，如果没有当年的“低人一等”，哪里会有后来的“胜人一筹”呢？

走出卑微，掌声才会响起

在人生的舞台上，每个人都希望获得掌声。但对那些身处卑微之境、从未走向人生前台的人，要想获得掌声实在是太难了！世界上有人为尊贵者献花，却没有人为卑微者喝彩。要想获得这难能可贵的掌声，必须经历痛苦的排练，献上精彩的演出，方才能听到赞叹的掌声雷鸣般响起。所以做人绝不能甘于做一名欣赏别人演出的观众，而要力求做

一名为观众所欣赏的演员！这样，你的人生才能走出卑微，走出泥泞，走出一路风采。

被公认为美国历史上最伟大总统的林肯，当选总统的那一刻，令整个参议院的议员都感到尴尬，因为林肯的父亲是鞋匠。

当时美国的参议员大部分出身贵族，自认为是上流、优越的人，从未料到要面对一个卑微的鞋匠儿子总统，于是，林肯首度在参议院演说之前，就有议员设计羞辱他。

在林肯站上演讲台的时候，有一位态度傲慢的参议员站起来说："林肯先生，在你开始演说之前，我希望你记住，你是一个鞋匠的儿子。"

所有议员都大笑起来，为自己虽然不能打败却能羞辱他而开怀不已。

林肯等到大家的笑声停止，他说："我非常感谢你使我想起我的父亲，他已经过世了，我一定会记住你的忠告，我永远是鞋匠的儿子，我知道我作总统永远无法像我的父亲作鞋匠那样好。"

参议院陷入一片静默里，林肯转头对那个傲慢的参议员说："就我所知，我父亲以前也为你的家人做鞋子，如果你的鞋子不合脚，我可以帮你改正它，虽然我不是伟大的鞋匠，但是我从小跟随我父亲学会做鞋子的艺术。"

然后他对所有的参议员说："对参议院的任何人都一样，如果你们穿的那双鞋是我父亲做的，而它需要修理或改善，我一定尽可能帮忙，但是有一件事是可以确定的，我无法像他那么伟大,他的手艺是无人能比的。”说到这里,林肯流下了眼泪,所有嘲笑声全部都化成了赞叹的掌声。

人生就是一方舞台，你出身的贫寒永远不会成为你扮演出色主角的绊脚石,也许最初的演出没有掌声,相反地,批评、讪笑、毁谤的语言会像石头一样向你砸来,但是,只要我们能像林肯一样坚信自己职业的崇高，坚信任何行业都是值得尊敬的,人没有贵贱之分,只有分工的不同,更不要妄自菲薄，用自信、胆识与才华勇敢地把那些讥讽踩在脚下,创造自己事业的辉煌,那么,这反而会成为我们向上迈进的台阶。

事业中的亮点需要寻找，即使上苍给了你一片贫瘠的土地,只要有雨水、阳光,你就没有理由不长出拥抱蓝天苍劲的傲骨!即使你的前途被黑暗笼罩,只要前方还有一丝光亮,你就没有理由给自己一个借口,用沮丧浇灭为事业奋斗的火种。让我们也学一下林肯总统的胸怀吧!就这样相信人生在任何环境下都会青葱,无论面对什么样的观众,只要苦心排练,精心演出,就会有热烈的掌声响起来。

尊贵不会因曾经的卑微而丢脸或掉价，相反以卑微起身会给迟来的尊贵镀上一层更加耀眼的光芒。任何人都不必为卑微而羞惭和懊恼，重要的是能否潜心修炼，走出卑微。只有不甘于卑微者,才能有幸走上人生的前台,找到开启尊贵之门的金钥匙。

7.不出风头便不会被风摧折

人人都希望自己出人头地，成为社会上的成功人士。而社会却像一个层层叠叠的金字塔，层级越高，位置越少。由此造成了许多人在社会心理认同上觉得一人之所得便为众人之所失。从这一意义上说，在迈向成功的社会竞争中，出头便是一种冒险。于是便有了“木秀于林，风必摧之”的古训，便有了“出头的椽子先烂”“枪打出头鸟”的俗语。那么，如何才能让自己既能出头又不致遭枪打呢？这就要学一点韬晦之术，修一点藏巧之功。

学会藏巧于拙

鹰立如睡，虎行似病。在现实生活中用“藏巧于拙，用晦而明”“聪明不露，才华不逞”等韬略来隐蔽自己的行动，可以达到出奇制胜的目的。

一般地来说，人性都是喜直厚而厌机巧的。而胸怀大志的人，要达到自己的目的，没有机巧权变的，又绝对不行；尤其是他所处的环境并不尽如人意，那就更要既弄机巧权变，又不能为人所厌戒，所以就有了鹰立虎行如睡似病藏巧用晦的各种做人的方法。

如唐初的重臣李勋，本是李密的部下；后随故主投于李渊父子的麾下。此时天下大势已趋明朗。李勋懂得只有取得李渊父子的绝对信任才有前途，于是他把“东至于海，南至于江，西至汝州，北至魏郡”的所据郡县上的地图、人口图派人送到关中，当着李渊的面献给李密，说既然李密已决心投降，那我所据有土地人口就应随主人归降，由主人献出去，否则自献就是自为己功、以邀富贵而属“利主之败”的不道德行为。

李渊在一旁听了，十分感慨，认为李勋能如此尽忠故主，必是一个忠臣。李勋归唐后，很快得到了李渊的重用。而李密降后又反唐，事未成就“伏诛”。

按理说，一般的人到了这个时候，避嫌犹恐过晚，但李勋却公然上书，奏请由他去收葬李密——唯其“公然”，才更添他的“高风亮节”，假设偷偷摸摸，则可能会有相反的效果。

“服哀绖，与旧僚使将士葬密于黎山之南，坟高七仞，释服散。”这纯粹是做给活人看的。表面看这似乎有碍于唐天子的面子，是李勋的一种愚忠，实际李勋早已料到这一举动将收到以前献土地人口同样的神效。果然“朝野义士”，公推他是仁至义尽的君子。从此李勋更得朝廷推重，恩及三世。

李勋取的是一种“负负得正”的心理效应，迎合了人们一般不信任直接对己的甜言蜜语，而相信人在与人相处时表现出来的品质——即侧面观察的心理，尤其是迎合了人们普遍喜爱那种脱离于常人最易表现出的忘恩负义、趋吉避凶、奸诈易变的人性弱点而表现出来的具有大丈夫气概的认同心理，看似直中之直，实则大有深意，是“藏巧于拙”做人成功的典型。

李白有一句耐人寻味的诗，叫“大贤虎变愚不测，当年颇似寻常人”，则揭示了另一种意义上的保身用晦的做人之法。这是指在一些特殊的场合中，人要有猛虎伏林蛟龙沉潭那样的伸屈变化之胸怀，让人难以预测，而自己则可在此其间从容行事。

元末的朱元璋在攻占了南京后，因为群雄并峙，为了避免因崭露头角而成为众矢之的，他采用耆老朱升的建议，以“高筑墙，广积粮，缓称王”的策略赢得了各个击破的时间与力量，在众人的眼皮底下暗度陈仓，最后吞并群雄当上了大明皇帝。

善于瞒天过海

表现低调些，不仅包括做人，更包括做事。做事情过于张扬就会泄露“事机”，就会让对手警觉，就会过早地把目标暴露出来，并成为对手攻击和围剿的“靶子”。

1973年10月6日，第4次中东战争爆发了。

当采取突袭手段的埃及军队把以色列军人打得蒙头转向的时候，以色列190旅旅长阿萨夫·亚里古终于有了施展身手的机会。指挥部命令亚里古率领190旅，向埃及军队展开反突。以色列人动用“王牌”了。

不到关键时刻，以色列人是不会动用190装甲旅和亚里古将军的。

直到20世纪90年代,M-60坦克还是美国国民警卫队的主力坦克,它的坚强的装甲、冲刺的速度,凶猛的火力以及先进的火控系统,还是那么有威力,性能远在世界上许多国家军队的现役坦克之上。而在1973年,可以想象M-60坦克应该是怎样一种性能先进的装备了,以色列陆军190装甲配备了120辆M-60坦克,而以色列军人的素质也堪称一流,训练之严格,举世罕见。尤其是作为整个以色列陆军骄傲的190装甲旅,训练真是严到了无以复加的程度。

精锐的武器,强悍勇猛的士兵,还有阿萨夫·亚里古这员以凶猛善战著称的悍将作指挥官,装甲190旅所向披靡,前几次中东战争已经证明了190旅几乎是无敌的,它是以色列军队中公认的“王牌”!

而这时以色列人做梦也没有想到,因太过分地宣扬M-60坦克的威力和190装甲旅的实力,使埃及方面早就有针对性地制定了用导弹伏击的计划。等待190装甲旅的将是灭顶之灾。

而此时,亚里古得意地想象着,他的部队像一根粗大的、烧得通红的铁钎,一下子就把垂死抵抗的敌人刺出一个大窟窿,然后又会变成一把力大无比的铁钳,把敌人活活夹扁……

以色列军队的战斗力绝对在德国人之上,亚里古相信自己的坦克部队就是犹太人的“魔鬼之师”,而他,又是犹太人的隆美尔!

“咚!”一声沉闷的爆炸声传来。

“报告指挥官！我们遇到埃及人，一辆坦克中弹起火，我们已经开始反击！”

其实，亚里古的“王牌军”还没出动，埃及人就已经破译了以色列军队的密电。这要归功于埃及的特工人员，他们搞到了以军通信的密码。在以色列人亚里古进攻的命令电报被埃及军队截获后，通过破译密码，埃军对亚里古的行动已经事先知道了，埃军总部根据亚里古进攻的一贯做法，判断亚里古的进攻路线，于是把陆军第2师派到亚里古的必经之路，进行阻击。

在坦克进攻中，如果有其他兵种的配合，对付敌人是很有效的。坦克是有力的进攻武器，但是反坦克导弹也不是等闲之辈，美国、苏联和欧洲各国都开发了先进的反坦克导弹，这种导弹的发射架很矮，导弹又短又粗，发射出去后由操作手像玩电子游戏机一样控制导弹的方向，一条细细的导线连着导弹和控制台，而这些导弹的弹头都是特殊材料制成的，它们会先烧化坦克的装甲，然后钻进去爆炸。真是坦克的克星！

反坦克导弹呼啸着飞出去，加农炮开始吼叫，爆炸声响成一片，一辆坦克冲过了埃军最靠前的阵地，碾碎了一门加农炮，一辆埃军坦克被可怕地炸掉了炮塔，像一个没有头的战士，孤零零地瘫在那里。埃军士兵落荒而逃，刚跑几步就被M-60坦克上的机枪打死。与此同时，一枚反坦克导弹拐着弯飞了过来。M-60坦克迅速躲避，但是来不及了。导弹正撞在坦克炮塔的一侧，“轰”一声闷响，坦克被烈火和烟雾吞没了！其他的M-60坦克也遭到很大破坏，又有十几辆坦克被击伤、击毁。其他坦克只好倒车向后开去。

此时，亚里古已经被击毁、击伤了30辆坦克！他发现自己完全低估了埃军的反坦克技术，后悔三次进攻，每次投入兵力太小！真是小河沟里翻船！亚里古暴怒起来，脸红到脖子，“全体坦克，上公路，成一字形追击！”

这个命令好像是阿布萨德事先给亚里古将军设计好的，现在亚里古精确地执行了阿布萨德的安排，急于捞回面子的亚里古完全上当了。

所剩的85辆M-60坦克驶上了公路，开足马力向前追击。

在追击的最初几分钟，亚里古觉得十分顺利。他忘了一切，忘了戒备，忘了观察公路两侧的地形。

离公路200~300米的沙丘中，阿布萨德的士兵们已经埋伏很长时间，将军曾亲临这里，和参谋一起，对每个反坦克导弹射手的发射位置作了精心安排。

不长时间后，伏击部队发现亚里古的全部坦克都在他们的射程之内了。

当第1枚导弹呼啸着而来的时候，亚里古只当是太阳的反光，但是一声声巨响告诉他埃及人已经在最有利的地形上向他发动了导弹攻击！

闪光惊醒了亚里古：“全体主力，开出公路，向右侧射击，冲击！”但是一切都晚了。埃及人的火力异常猛烈，平均每分钟就有85枚导弹击中M-60坦克，一字形排在公路上的坦克根本来不及掉头,无法还击,无法逃脱,只有等待埃及人的导弹把它们击毁,像活靶子一样任埃及人射击。

直到爆炸声变成了枪声,一群埃及步兵的冲锋枪抵到他的后心,亚里古都不愿睁开自己的双眼。他被俘了,他的85辆坦克一辆不剩地被击毁在公路上,而这一切,都发生在20分钟内。

以色列军人的荣誉,以色列军队引以为"骄傲"的"王牌军",在这20分钟内,彻底完蛋了。

亚里古无奈地举起了双手。

以色列过早地把秘密泄露了出去,而埃及人又善于瞒天过海,对190装甲旅指挥官和战术都了如指掌,最终将它全部歼灭。可见韬晦之功不仅是做人之道,也是成事之道。人在顺境时可凭韬晦保身,在逆境时也可凭韬晦制胜。

第六章
低调做人是最老到的匍匐前进艺术

在战斗中，战士们为了缩小自己的外露目标，总要采取隐蔽或匍匐前进的姿势，这样就不易被敌人发现，减少伤亡概率。在商场上、职场上有时也需要匍匐前进，如果你过分暴露自己，就会遭到对手攻击。

1.匍匐前进,深藏不露

有许多时候,动物是人类的老师。比如说,人类通过观察老虎捕猎的动作,体会到进攻时要注意隐蔽,或装出病态,显示出无能力进攻的样子,来蒙蔽对方。尔后在对方毫无警觉和防范之时,突然出击,致敌于死地。这不止在动物界,就是在人类社会也是最厉害的一招狠棋。

不善隐蔽就会自冒被吃掉的风险

当遇到不利的情况或者对自己可能造成伤害的情况时,万万不能凭一时冲动办事,而应毫不犹豫地将自己隐蔽起来。切勿逞匹夫之勇,而毁坏自己的前程。

刘秀是汉朝宗室后裔。虽说祖上是南阳豪族,但到他这一代已破落了。王莽当皇帝时,刘秀还是个少年。20岁那年前后,刘秀走上社会,先是到太学学习,结交了一批朋友。直到身边的盘缠用尽,刘秀才回到家乡。无奈他大哥刘縯手下的人打家劫舍,牵连到他,使他莫名其妙地在牢里吃了一段冤枉官司。

刘秀出狱不久,他的老乡李通、李轶兄弟找到他,给他看一条神秘的谶语:“刘氏当兴,李氏为辅”。谶语在当时社会有一定的神秘性、权威性,刘秀早就看出这个社会已经又

面临着一场震荡的考验，这就是重建汉室的好机会。于是，在和李氏兄弟商议之后，征得大哥刘縯的支持，便纠集了一批人分别在新野、宛县、春陵举兵。然后，他们找到了新市、平林农民起义势力的将领王凤、陈牧等人，两支队伍实现了联合。

接着，刘秀成功地指挥了一场极其漂亮的以少胜多的战役——昆阳大战。按理说，这场战役扭转了反莽势力军事斗争的被动局面，把王莽官军的主力消灭殆尽，刘氏兄弟理应受到重用。可是，刘玄和几位农民领袖竟把刘縯给杀了。

面对突如其来的噩耗，刘秀表现得极其冷静。他知道，这时他的命运还操纵在人家手里，还不是报仇的时候。所以当他回到宛城后，在刘玄面前连称自己有罪，说是自己没有劝导哥哥，以致犯下死罪。新市、平林那班将领本来估计刘秀会来报仇，想趁机把他也杀了，没想到他前来请罪，便不再说什么。别人来劝慰刘秀时，他也口口声声只说自己有罪，丝毫不提起他在昆阳大战中立下的战功。

刘秀简单地料理了刘縯的丧事，言谈、举止和平时一样。白天对人谈笑风生，夜里却暗中饮泣，把大半个枕头都哭湿了。他手下的冯异有一次看到了这个秘密，劝他节哀，他仍说："不许胡言。"但冯异对他确是一片真心，对他分析说，刘玄政权已完全失去人心，如果能另拉一支队伍，大业必成。

机会终于来了。刘玄想派一个有能力的大将去河北扩充势力，宗亲刘赐建议让刘秀去。本来刘玄等人对此并不放心,但经刘赐的鼎力说服,刘秀被同意派往河北。

果然,刘秀一到河北一带,如鱼得水。他每到一地,都以汉朝重建者的身份广揽人心,同时广泛搜罗大小官吏,任用贤士,释放囚犯,因而大得人心,从而展开了中兴汉室的宏图大业。

如果刘秀不顾力量大小鲁莽复仇,则仇未报而身先死。他正是凭着韬光养晦术,坚忍等待时机,最终不但报了仇还成就了大业。

春秋"五霸"之一的晋文公,在不得志的时候,也有着不如刘秀、甚至不得不逃亡的经历,但他知晓如何在充满险象中求生存并积蓄力量的韬略,最后,成就了霸业。

晋献公晚年,宠爱妃子骊姬,听信她的谗言,逼死了公子申生。为了让亲生子奚齐继承君位,骊姬继续陷害献公的次子重耳和三子夷吾,逼得重耳和夷吾不得不四处逃亡。

在重耳逃奔狄国的第五年,晋献公死,重耳和狐偃本想乘此时机回国夺取君位,但因条件还不成熟,不便行动,雄心勃勃的秦穆公为了探测重耳的动向,便派遣公子子显到重耳处去吊唁。子显转述秦穆公的话,说:"寡人听到这样的话:'丧失国家,常在这个时候;取得国家,也常在这个时候。'虽然您庄重地处在服丧之中,可是在外流亡也不宜过久,争取君位的时机不可失掉。您还是考虑考虑吧!"重耳为了掩饰自己的心思,摆出"仁爱思亲"的面孔对公子子显说:"我感激贵国君主以仁慈之心吊唁了亡命之臣重耳。我流亡在外,父亲死了不能参与葬礼,用哭泣表示哀痛,使得贵国

君主为我忧虑。死了父亲怎么办?我如果怀有别的想法,就会辜负贵国国君对我的情义。"说罢,就在地上叩头,但不拜谢公子子显,哭着站起来也不和子显私下交谈。子显回国,向秦穆公报告了情况。秦穆公赞扬:"公子重耳真是个仁义之人啊!他叩头后不拜谢宾客,就是表示不愿成为国君的继承人,所以不行成年礼,他哭着站起来,就表示哀悼父亲。站起来不和客人私下交谈,就是表示他抛弃了个人私利。"

重耳在狄国寄居了12年后到达齐国,而后又潜离齐国。

到了曹国,曹国君主共公听说重耳的肋骨长得连成一片,想看看他的光身子。有一次,重耳洗澡,共公毫无礼貌地走近他身边看肋骨。

到宋国时,宋襄公也不愿答理这位丧家流亡的公子,只送给他80匹马,打发他赶快过境。

到了郑国,郑国君主文公也不礼遇他。

到了楚国,楚成王设宴招待重耳。在宴席上,成王问重耳:"公子如果回到晋国,拿什么来酬谢我呢!"重耳回答说:"如果托君王的福,我能回到晋国,一旦晋楚两国演习军事,我们在中原大地上相遇,我将后退90里。如果还得不到君王的宽大,我将左手提鞭执弓,右手挂着弓套箭袋,跟您应酬应酬。"重耳这番委婉的说词,实际意思是,晋楚两国交兵,我退90里以报今日之德,然后可就不能客气了,真刀真枪,决一雌雄。楚国大夫子玉看到重耳如此出言不逊,就请求楚成王杀掉他,以绝后患。成王说:"上天要让他兴盛,谁能够除掉他呢?违背天意,一定会有大难临头。"楚成王就把公子送往秦国。

有一次，怀嬴捧着盛水器浇水给重耳洗手。洗完后重耳挥手叫怀嬴走开。怀嬴毕竟是大国君主的女儿，对此冷遇很生气，便对重耳说："秦国和晋国是平等的，你凭什么瞧不起我！"重耳听后，立即发现自己行为有失检点，害怕影响秦晋的关系，妨碍复国大计，便脱去外衣，把自己捆禁起来，表示向怀嬴谢罪。

公元前636年，重耳在秦国大军的护送下，终于回国即位，号晋文公。晋文公经过了十九年的韬光养晦，终于达到了自己的目标。当初重耳若不能像老虎一样匍匐观察环境，而是像狮子一样怒吼着扑向对手，十个重耳可能都死掉了。

匍匐前进更有利于捕获猎物

欲擒故纵，出其不意，悄悄接近目标，就更容易实现你的目标。因为在这种情况下，你的对手来不及准备，无从防范。你却是有备而来，最有机会成为最终的胜利者。

下面我们看一个春秋战国时代，利用匍匐前进术夺权成功的例子。

春秋时的吴国，位于长江以南，即今江苏和浙江一带，原是一个比较落后的国家，被中原诸国称为"蛮夷之邦"。后来才渐渐强盛起来，而终于成为列强之一。

吴国国王诸樊在位23年，临死时没有把王位传给儿子公子光，却把自己的三个兄弟叫到跟前说：我死之后由大兄弟余祭继承王位，余祭之后立余昧，余昧之后立季礼。

诸樊万万没有料到，这个遗嘱，在他死后竟酿成了兄弟阋墙、骨肉相残的政治悲剧。

余祭在位仅仅五年便死了，然后余昧继位。余昧在位第九年病势垂危，他遵守早年与兄长诸樊所立的誓约，把季札召来，要立他为王。季札是吴王寿梦的小儿子，自幼贤明，崇尚道义，通晓当时吴国正在积极引进的中原文化。寿梦临终时曾要立他为王，他却说，他上面还有三位兄长，抛开兄长而立末子，是不合道义的，坚辞不受。如今哥哥余昧又要传他王位，他还是不肯接受，干脆回到自己的封地延陵躲了起来。

翌年，余昧病殁，余昧的儿子僚便继承了王位，成了吴王僚。公子光眼睁睁地看着本应属于自己的王位，竟一而再、再而三地被他人所得，心如油烹，十分痛苦。然而，一位有谋略的政治家，审时度势是其重要的素质。公子光深知自己羽翼未丰，朝廷里缺少忠耿之士，手下也没有什么能人，在条件不成熟的时候，只能把不平和痛苦埋在心底，一切隐忍而行。

然而他不是消极地等待。一方面，公子光极力表现出忠诚于吴王僚，时时处处都在为吴国效命，以巩固自己作为三兄的地位，博得吴王僚的信任。另一方面，他在暗中积极创造条件，为将来夺取王位一砖一石铺平道路。他任命心腹被离为市吏，密令他借在市场任职的方便搜罗奇能异士，以为己用。

被离将楚国的名臣、亡命江湖而落魄于要靠吹箫乞食的伍子胥推荐给公子光。伍子胥也深知，若想实现自己灭楚复仇的大计，必须依赖公子光，于是千方百计地为公子光篡夺王位的阴谋而奔走；他为公子光网罗能人异士，设谋献计，立下了汗马功劳。

楚平王死后，一时间楚国朝政混乱。楚昭王年幼，正是兴兵伐楚的天赐良机。智者之所以成为智者，就在于当时机不到的时候，能够耐心地等待时机的到来；当时机成熟的时候，又能紧紧地抓住它，充分地加以利用。这样，当伍子胥要求公子光率兵伐楚以报家仇的时候，公子光便因势利导，与伍子胥一起密谋了一个弑王篡位的计划。其要点是，以伐楚为名，设法说服吴王僚将儿子掩余、烛庸派到前线去与楚兵厮杀；将吴王僚的长子庆忌派到郑、卫两国去说服他们一起伐楚；再将王叔季札派到中原去搞外交。调虎离山，吴都空虚后，公子光便请吴王僚来赴宴，趁机将其刺死。这是一个十分周密而狠毒的计划。

吴王僚虽然被蒙在鼓里，却仍然十分小心。他派王宫卫兵在公子光府邸森严把守，从大门到大厅都有人警惕地戒备着。不但如此，从王宫到光邸一路上均有甲士夹道镇守，铠甲和利戟在阳光下闪烁着逼人的寒光。被邀请赴宴的官僚也多为吴王僚的亲信。

宴会开始后，气氛渐渐地热闹起来。然而所有进入大厅的人都要经过严格的检查。

公子光是这出血腥活剧里的主角，他以主人的身份，周旋于吴王僚和宾客之间。他看到宾客们的醉意越来越浓，酒

兴越来越旺，警惕之心也越来越松弛的时候，便向吴王僚说："臣脚疾发作，疼痛难忍，需用白布缠裹，方可止痛，请允许稍离片刻。"吴王僚很关心地答应了。

厨房附近有一位侍者，两只眼睛机敏地溜来溜去，似乎在等待着什么机会。当他看见公子光起身离开餐桌步向后厅时，便端起一个大银盘，银盘里盛着一条色香味俱佳的太湖蒸鱼，向宴会大厅匍匐而进。吴王僚的甲士认真地搜查了他的全身，才放他接近了吴王僚的餐桌。吴王僚一直在专心地欣赏着美女们的仙姿妙舞，所以连他最喜欢吃的太湖蒸鱼也没有引起注意。粗壮的侍者在放下银盘的瞬间，突然把右手伸入鱼腹之下，取出一柄匕首猛地向吴王僚狠狠地刺去。吴王僚惨叫一声，眨眼间侍者的匕首已经透过三层甲衣，深入他的肌肤。侍者又一次地猛一用力，吴王僚便血溅光府，一命呜呼了。

侍者名叫专诸，是公子光与伍子胥事先安排好的力士，吴王僚的卫兵们很快便把专诸剁成了肉泥。这时，公子光、伍子胥率领事先埋伏好的甲士冲杀出来，王宫的卫兵见吴王僚已死，士气大减，不一会儿，死的死降的降，场面渐渐安静下来了。

公子光在甲士的簇拥下，对赴宴的官员们大声地说道："吴国的王位，如果季礼不愿继承，身为诸樊长子的我，自然是正统的继承者。僚根本没有资格为王，他即位即是篡位。此刻我从篡位者手里夺回了王位，有意见的可以站出来。"

当然没有人敢站出来表示异议，于是公子光率领亲信甲士，浩浩荡荡地进入了王宫，诛杀了反对派，正式称王，自号吴王阖庐，一时间声震朝野。

以史为鉴，可以知兴替。正是这一场场的历史斗争为现代的人们提供了大量的经验教训，为我们在各种境况里能进退自如、保全自我提供了宝贵的借鉴。

2.匍匐前行不等于趴着不动

在战争题材的影片中，我们看到当敌机扔下炸弹时，或者当敌人打炮时，战士们都要迅速卧倒，如果不及时卧倒，便很容易成为敌人射击的目标。

现实生活中也有“乱石穿空，惊涛拍岸”的时候，比如说“流言蜚语”“栽赃陷害”“打击报复”等，都足以毁人声誉，致人于死地。在这种情况下，我们不妨学学“匍匐前行”和“卧倒避难”的战斗艺术。

匍匐前进是一门斗争艺术

该匍匐时且匍匐，并不是无原则或者是没骨气，而是识时务的理智之举。匍匐前进是一门斗争艺术，可以在对手未曾警觉之前悄然抵达目标。

美国著名的玉蜀黍大王史坦雷先生在16岁的时候，是一家五金公司的收银员。他每天都卖力工作，希望能通过自己的辛勤劳动步步高升。他做起事来，永远都抱着学习的态度，处处留意，一心想把工作做得最好。他希望以此能获得经理的信任，提升他为推销员，可他万万没想到经理并不欣赏他，也没满足他的要求，而对于史坦雷来说，凭自己的现有条件，到外面去找工作也很困难。因此，他只有忍气吞声继续沉默下去以期学到更多的本事，挣到干事业的资本，希望有朝一日开创自己的事业。他这样苦干了两年，终于有了信心，也觉得自己可以单独做事了，就在这时，他又被唤进经理室遭到了一顿斥责，经理说："老实说，你这种人根本不配做生意，我这里用不着你了。"

这一番话，对于刚进公司的史坦雷来说，无异于平地响雷，可史坦雷却平静地对经理说："你说我无用，这是你的自由，但这并不减损我丝毫的能力，无法磨灭我的意志，看着吧！迟早我要开一家公司，规模比你的大10倍。"

史坦雷在挫折中匍匐前行，并借着这一次挫折的激励，努力上进，几年后，果然创造了惊人的成就。

学着用低姿态去面对生活，面对挑战吧，它能很快调整你的心态，激发你战胜挫折的精神和勇气。

1959年10月15日夜，密特朗在巴黎天文台公园遭到一伙人开枪袭击。这就是当时轰动一时的天文台公园事件。新闻界和几乎所有的左翼组织都行动起来，慰问密特朗，反对"法西斯主义"的暴行。但事隔不久，10月22日，凶手佩斯盖突然露面，作口供申明这是一次应密特朗本人要求而策划的行动。转眼间，密特朗从一个无辜的被害者变成了骗人的肇事者。一时间乌云压顶，谩骂声、讥笑声、责问声像狂风暴雨般向密特朗袭来。在任总理米歇尔·德勃雷为此建议取消密特朗的参议员资格。而当时密特朗却既不申辩，也不反击，他认为，对于这种经过周密策划的栽赃陷害，最好的办法是不予理睬，暂时采取低调处理办法。

密特朗压抑着自己的愤怒，决定暂时隐退，以退为进。平日，埋头读书，专心写作。清晨，他去朗德树林散步，呼吸那清爽而新鲜的空气，欣赏一番茂密翠绿的田野。大自然的美丽景色使他忘掉了萦绕在心头的忧愁和烦恼。并且他到中国、美国和伊朗等国家作过旅行。在中国，参观游览了不少城市，记下了许多见闻。回国后，于1961年发表了专门介绍新中国成立后所发生的重大变化的专著《中国面临挑战》。该书的出版，赢得了不少读者的欣赏，密特朗的名字又重新在法国社会上传扬。在1962年11月2日的立法选举中，他东山再起，终于击败戴高乐派在涅夫勒省的保卫新共和联盟的竞选人让·塔耶尔，再次当选为国民议会议员。

政敌为了陷害密特朗，设置圈套，有意栽赃，使其有口难辩，密特朗以退为进，转移人们对此事的注意力，让它随着时间的延长而淡忘，同时积极创造条件，伺机复出。密特朗正是采取这一计谋击败了对手。

应该说密特朗正是因为谙熟韬光养晦之功、曲中求直之道、低中就高之术才在自己的政治生涯中取得了最终的胜利。

盛时常作衰时想,上场当念下场时

曾国藩、曾国荃兄弟俩都是胸怀大志的人,不求取功名不是他们的性格。但取得了一定的功名还未达到最终目标的时候,最容易受到来自各个方面的排斥、打击。如何既要躲过打击,又要继续追逐功名呢?曾国藩做的是最出色的。

攻克天京,这是曾国藩率湘军出战以来的最大胜利,曾国藩、曾国荃兄弟两人的声望,如日中天,达于极盛。清政府便对这些“栉风沐雨,艰苦备尝”的功臣们进行了赏赐。曾国藩被赏加太子太保衔,赐封一等侯爵,世袭罔替,并赏戴双眼花翎;曾国荃被赏加太子少保衔,赐封一等伯爵,并赏戴双眼花翎。对于如此隆重的封赏,曾国藩十分感激:“我朝酬庸之典,以此次最隆,愧悚战兢,何以报称。”

然而这一切,仅仅是加给曾国藩兄弟二人表面上的荣耀。暗地里,曾国藩兄弟二人所面临的是无数汹涌的“旋涡”,这些旋涡的产生有的是由于满汉矛盾的发展,有的是由于中央集权统治的需要。

天京被攻克以后,曾国藩已非昔日京城中手无一兵一卒的兵部侍郎,他的门生故吏已遍及于东南各地,上至巡抚,下至提督。同时,曾国荃手里掌握着“精悍”的5万湘军,这无疑给清政府的统治带来了极大的威胁。天京陷落后,清政府最大的忧患,已不再是太平天国的余部,而是兵权越来越大的两江总督曾国藩,和以湘军为中心的汉族地主阶级的政治、军事力量。这就要求清政府必须从中央与地方、集权与分权这一总体战略出发，而这一特殊的政治出发点决定了曾国藩在成功之后逃脱不了的政治命运。

在天京陷落以后，清政府既已开始着手限制曾国藩势力的膨胀。清政府利用湘军内部故有的矛盾，迅速提拔和扶植曾国藩手下的将领，他们的地位迅速提高，以至于与曾国藩地位不相上下。当左宗棠的左系湘军与沈葆桢结成同盟，并脱离曾国藩，向其发起挑战时，清政府则大加利用。暗中支持左、沈与曾国藩分庭抗礼，从内部瓦解曾国藩的势力。而对于曾国荃则竭力进行压制，不让其有抬头的机会，虽已升任浙江巡抚，却以尚未赴任为借口，不允许其单折奏事，此一巡抚，岂不形同虚设；夺得天京首功，本以为可以扬眉吐气，却不曾想竟然接二连三地遭严责和警告。

面对大有“狡兔死，走狗烹，飞鸟尽，良弓藏，敌国破，谋臣亡”之势的曾国藩，如何摆脱眼前的困境，确是迫在眉睫的问题。其实，在天京陷落前的一个时期里，曾国藩已经对大功告成后如何收场的问题进行了思考。当天京陷落以后，面对朝廷的猜忌和随之而来的种种为难之举，曾国藩有了思想准备。要想善其末路，必须自剪羽翼。

曾国藩时常提醒自己要注意“富贵常蹈危”这一残酷的历史教训，十分清楚“日中则昃，月盈则蚀，五行生克，四序递迁，休旺乘除，天地阴阳，一定之理，況国家乎？况一省乎？况一门乎”这种古朴的变易规则；他更清楚“狡兔死，走狗烹，飞鸟尽，良弓藏，敌国破，谋臣亡”的封建统治术，因此只有推美让功，才能持盈保泰。

当曾国藩从安庆赶至江宁的时候，持盈保泰的解决方案已完全成熟。

曾国藩到达天京以后，七月初四“定议裁撤湘勇”，在七月初七的奏折中，向清廷表示，“臣统军太多，即拟裁撤3~4万人，以节靡费。”从当时的材料来看，曾国藩裁撤湘军的原因是湘军已成“强弩之末，锐气全消”，而时人却认为这完全是借口，是为避锋芒，时人王定安就说过：“国藩素谦退，以大功不易居，力言湘军暮气不可复用，主用淮军。以后倚淮军以平捻。然国藩之言，以避权势，保令名。其后左宗棠、刘锦棠平定关外回寇，威武西域，席宝田征苗定黔中，王德榜与法朗西(法兰西)战越南，皆用湘军，暮气之说，庸足为定论乎？吾故曰：国藩之言暮气，谦也。”

在裁撤湘军的同时，也奏请曾国荃因病开缺，回籍调养。曾国荃攻陷天京的所作所为，一时间成为众矢之的。同时，清政府对他也最为担心，唯恐他登高一呼，从者云集，所以既想让他早离军营而又不让其赴浙江巡抚任。无奈，曾国藩只好以其病情严重，开浙江巡抚缺，回乡调理，很快清政府便批准了曾国藩所奏，并赏给曾国荃人参六两，以示慰藉。而曾国荃大惑不解，但曾国藩却深知其中利害关系，极力劝说。

随后，曾国荃返回家乡，怨气难消，以致大病一场。从此，辞谢一切所任，直至同治5年春，清政府命其任湖北巡抚，他才前往上任。曾氏以退为进、以退护官的为官之谋，令后人不由得不为之叹服。

裁撤湘军，是曾国藩谋事在先，“盛时常作衰时想”的一个典型事件。

曾国藩一贯主张“盛时常作衰时想，上场当念下场时，富贵人家，不可不牢记此二语也”。

人的职位越高、功名越大，越容易颐指气使、得意忘形，而此时的失败也越多。曾国藩之所以受到一个多世纪以来许多伟人、名人的崇拜，成为封建时代最后一尊精神偶像，与他善收晚场有很大关系。

“声闻之美，可恃而不可恃”“善始者不必善终”，这也是曾国藩对功名的看法。

曾国藩曾宽慰、告诫弟弟说：我们现在处于极好之时，家事有我一个人担当，你们就一心一意做个光明磊落、鬼服神钦的人。待到名声既出，信义既出，即使随便答言，也会无事不成。所以不必贪财，不必占便宜。

可见，曾国藩是把名誉和贪婪相联系的，贪婪的人，恶名加身；大度的人，清誉在外。一旦名声远扬，就可以不拘小节了。曾国藩的见识可谓高拔，甚至可以说有点狡猾，他把好名声看成人的立身之本，本应正，源要清，不可本末倒置。

曾国藩对家族的名望和声誉十分看重，为了保持这个家庭的名望和声誉，他可以说是殚精竭虑、鞠躬尽瘁。

常言道，树大招风。由于家大业大势大，兄弟几人都在朝廷做大官，于是乎外面就有不少关于他们兄弟的传闻。

曾国藩就不止一次地听说过对他们兄弟恶行的指责，他听了以后，不想秘而不宣，而是一一转告各位兄弟：或者

直接责备，或者委婉相劝，希望他们有则改之，无则加勉。

因为名望所在，是非由此而分，赏罚由此而定。有一年冬天，朝廷中有一个叫金眉生的官员就被好几个人弹劾，结果家产被抄，妻子儿女半夜站在露天，饱受风寒冰冻之苦。曾国藩说，难道这个金眉生果真万恶不赦吗？其实不过是名声不好，惩罚随之而来罢了。

所以说，人言可畏，众口铄金，积毁销骨。那些议论不知道在什么地方兴起，也不知道在什么时候结束。众口悠悠，沸沸扬扬，防不胜防。那些有才华的人，因为那些怀疑与诽谤无根无据，虽然恼怒，但还是悍然不顾，结果诽谤一天比一天严重；那些有德行的人，因为这些诽谤无根无据而深感恐惧，于是收敛下来认真反省，并对自己今后的一言一行，一举一动都十分谨慎，结果诽谤不攻自破，谣言一天天平息下去。

曾国藩真可谓是处世高手，换成任何一个人放在他的位置上都会人仰马翻，唯有他稳坐钓鱼台，靠的正是高明的处世之道啊。

3.人生有些路段须爬行而过

一个人尽可以有远大的抱负、崇高的目标，但在实现这个抱负和目标的过程中，总要经历一个爬行的过程。因为在漫漫人生旅途上，什么样的路段都可能会遇到,有些路段崚嶒险峻,不会爬行是无法通过的。所以,人不能总是挺直腰板走路,该爬行时则爬行,才是巧于做人的根本。

山势陡峭处,不妨爬行一段

说来也许你不信,有一位大学生,在校时成绩很好,大家对他的期望也很高,认为他必将有一番了不起的成就。

他确实做出了成就,但不是在政府机关或大公司里有成就,他是卖虾仔面线卖出了成就。

原来他毕业后不久,得知家乡附近的夜市有一个摊子要转让,他那时还没找到工作,就向家人"借钱",把它顶了下来。因为他对烹饪很有兴趣,便自己当老板,卖起虾仔面线来。他的大学生身份曾招徕很多不以为然的眼光,但却也为他招徕了不少生意。他自己倒从未对自己学非所用及高学低用怀疑过。

现在呢?他还在卖虾仔面线,但也投资,钱赚得比我们不知多多少倍。

"要放下身段,"这是那位大学生的口头禅和座右铭:"放下身段,路会越走越宽。"

那位大学生如果不去卖虾仔面线或许也会很有成就,但无论如何,他能放下大学生的身段,还是很令人佩服的。你不必学他非得去做类似的事情不可,但在必要的时候,实在也要有他的勇气。

心理学家认为:人的"身段"是一种"自我认同",并不是

什么不好的事，但这种“自我认同”也是一种“自我限制”，也就是说，“因为我是这种人，所以我不能去做那种事”。而自我认同越强的人，自我限制也越厉害。

所以，千金小姐不愿和保姆同桌吃饭，博士不愿意当基层业务员，高级主管不愿意主动去找下级职员，知识分子不愿意去做体力工作……他们认为，“君子动口不动手”，如果那样做，就有损他的身份。

其实这种“身段”只会让人的路越走越窄，并不是说有“身段”的人就不能有得意的人生，但在非常时刻，如果还放不下身段，那么会让自己无路可走。像博士如果找不到工作，又不愿意当业务员，那只有挨饿了；如果能放下身段，那么路就越走越宽，也没有走不通的路。

你如果想在社会上走出一条路来，那么就要放下身段，也就是：放下你的学历、放下你的家庭背景、放下你的身份，让自己回归到“普通人”。同时，也要不在乎别人的眼光和议论，做你认为值得做的事，走你认为值得走的路。

“放下身段”比放不下身段的人在竞争上多了几个优势：

——能放下身段的人，他的思考富有高度的弹性，不会有刻板的观念，而能吸收各种信息，形成一个庞大而多样的信息库，这将是他的本钱。

——能放下身段的人能比别人早一步抓到好机会，也能比别人抓到更多的机会；因为他没有身段的顾虑。

有一则这样的故事：一千金小姐随着婢女在饥荒中逃

难,干粮吃尽后,婢女要小姐一起去乞讨,千金小姐说:“我是小姐”,不愿意去。

结果呢?只能是“碍于面皮,饿了肚皮”!

当今社会,生存竞争愈加激烈,真可谓“千军万马过独木桥”,挤得过去就是赢家,挤不过去,轻则落伍,重则落水。但不挤更不行,即便一身臭汗,披头散发,也要搏上一搏。千万不要站在岸上,自视清高,丧失了大好良机。然而总是有那么一些人,眼眶子太高,大事干不来,小事不愿干,觉得太丢面子,有失身份,宁可委屈受穷,也不肯放下架子。中国老百姓有句俗话:“管他脸不脸,混个肚子圆。”这话虽然有点儿俗,却也比较实在。

爬行也是前进

爬行可以掩人耳目,出奇制胜。

爬行看起来是无奈, 但丝毫不影响我们达到既定的目标。大谷米太郎,1881年出生于日本富士县的一个贫穷的农民家庭。大谷家里世世代代都是农民,在24岁时,他的父亲突然去世。眼看着家里大厦将倾,他义无反顾地挑起了生活的重担。每天,他拼命干活希望能够养家糊口。然而,到了他28岁的时候,家境已经破落到“食无米下锅,穿无衣蔽体”的境地。万般无奈之下,大谷米太郎怀揣着一块价值两日元的银币离开了家乡,来到了东京,渴望找到一个既能养家糊口又能光宗耀祖的工作。

他在东京的一个小客栈里住了下来。第一个晚上,这块银币就成了他交的房费。第二天早晨，大谷米太郎感到没有着落，思绪万端。他离开小客栈，四处找活干。终于找到一份搬运工的工作，每天可以赚到一日元的报酬。经过两个多月的辛苦劳动，大谷米太郎积攒下了30日元。他用这30日元做资本，生平第一次做起了生意，卖甜酒。有道是万事开头难。大谷米太郎以前没有做过生意，他每天挑着担子东奔西走，也不懂得吆喝叫卖，结果累死累活不说，还卖不出去多少。这样卖了一个星期，大谷米太郎就坚持不下去了。

甜酒生意失败后，大谷米太郎还做过许多苦力：在运输公司当搬运工，在菜店里卖过菜，还拉过人力车。后来，大谷米太郎来到一家米店做伙计。他身强体壮，身手灵活，店老板劝他去当一名相扑运动员。在日本，相扑运动员有很高的社会地位和高薪收入。相扑运动员不仅能够赚钱，还能光宗耀祖，这正符合大谷米太郎的初衷。于是，他真的成了一名相扑运动员。在两年的时间里，大谷米太郎击败了许多对手，一时也算小有名气。他还经人介绍，认识了一位红粉知己。

就在大谷米太郎事业和情场都颇为得意的时候，一场意外的受伤使他落下了残疾。相扑是干不成了，他拿着一笔伤残抚恤金，打算重新寻找生活的起点。在妻子的帮助下，大谷米太郎开了一家小酒店。他的经营宗旨是：进门的都是客，来来往往的都是朋友，不管花费多少，都会受到同样的热情款待。酒店还以物美价廉而闻名。很快，这家小酒店就红火起来，为大谷米太郎赚下了3万日元的丰厚收入。

有了资金，他们打算把生意做大。大谷米太郎早就盯准了日本新兴的钢铁工业，于是他开了一家钢铁厂，小酒店则由妻子经营。夫妻两人勤劳节俭，财源滚滚而来，实力日益壮大。大谷米太郎迎来了事业上的第二次高峰。

后来，东京发生了大地震，这次突如其来的地震给了东京各行业以毁灭性的打击。大谷米太郎夫妇辛苦攒下的家业一下子化为乌有，就连一向刚毅的妻子也劝他回家种田。大谷米太郎在此时想起了那一块银元，刚刚来东京时的遭遇历历在目。

不愧是一名强者，此时他就像《热爱生命》中的主人公一样，简直是在爬着前进了。在大火烧毁的制铁厂废墟上，大谷米太郎认真地修理着损伤的设备，又拿出仅剩的一些钱招聘一流的技术工人。他还利用昔日建立的良好信用，赊来了急需的原材料，又使出成本价销售的营销策略，全力开拓钢铁制品市场。在超乎常人的辛苦努力下，大谷米太郎仅用了一年的时间，就从废墟中站了起来，赚取了100万日元的利润。从此，大谷米太郎的资产像滚雪球一样越滚越大，连年扶摇直上。在他59岁的那年终于能够看到自己亲手创建的"大谷重工"跻身全日本工业的前十名。望着取得的成绩，大谷米太郎不由得产生了深深的感慨：爬行尽管不舒服，也不堂而皇之，但它丝毫不影响我们既定的奋斗目标。

4.春风得意切忌忘形

得意忘形乃是人生的大忌，因为此时该谨慎的会不够谨慎，该思考的也很少思考，该忌讳的也不太忌讳了，倒颇有些蛟龙腾跃嫌水窄，大鹏展翅恨天低的踌躇自负。但月满则亏，乐极生悲，扬扬自得的高视阔步固然让人艳羡，一跤跌倒的狼狈难堪也足以令人慨叹。因此，春风得意之时常给自己敲敲警钟，泼泼冷水，当然有百利而无一害。

位居显要处，要常反躬自省

人一旦出头了，发达了，除了自己容易得意忘形之外，同时也容易成为众人注目的焦点，被人品评，被人臧否。因此，越是春风得意之时，就越是要经常反躬自省，越是要讲究低调做人，融入大众之中。唯此，才能做到更有效地保护自己。

大凡做官的人，尤其是做高官的人，没有不想自己要有一个好的结局的。然而很多时候却往往事与愿违。那么怎样才能保证自己有一个好晚场呢？曾国藩以他自己身居高位的体验，认为主要应在平时领会居高位之道。他具体开出三个药方，以防居官之败。

曾国藩说，身居高位的规律，大约有三端，一是不参与，就像是于自己没有丝毫的交涉;二是没有结局,古人所说的“一天比一天谨慎,唯恐高位不长久”,身居高位、行走危险之地,而能够善终的人太少了;三是不胜任,唯恐自己不能胜任。《周易·鼎》上说:“鼎折断足,鼎中的食物便倾倒出来,这种情形很可怕。”说的就是不胜其任。方苞说汉文帝做皇帝,时时谦让,像有不能居其位的意思,难道不是在不胜任这方面有体会吗?孟子说周公有与自己不合的人,仰天而思虑事情的原委,以致夜以继日,难道不是在唯恐没有结局的道理上有体会吗?

曾国藩说:越走向高位,失败的可能性越大,而惨败的结局就越多。因为“高处不胜寒”啊!那么,每升迁一次,就要以十倍于以前的谨慎心理来处理各种事务。他借用烈马驾车,绳索已朽,形容随时有翻车的可能。做官何尝不是如此?

他详细阐发说:国君把生杀予夺之权授给督抚将帅,如东家把银钱货物授给店中众位伙计。如果保举太滥,对国君的名器不甚爱惜,好比低价出售浪费财物,对东家的货财不甚爱惜一样。介之推说:“偷人家的钱财,还说成是盗;何况是贪天之功以为是自己的力量。”曾国藩说,我略微加以改动:“偷人家钱财,还说成是盗,何况是借国君之名器获取私利呢!”曾国藩认为利用职权牟取私利,这就是违背了不干预之道,是注定要自食恶果的。一事想贪,则可能事事想贪,一时想贪,则可能时时想贪。在这个方面应视手中的权势于虚无,因而也会少生无妄之想。

至于不终、不胜,曾国藩则更深有体会,他说:陆游说能长寿就像得到富贵一样。开始我不知道他的意思，就挤进老年人的行列中了。我近来混了个虚浮的名誉，也不清楚是什么原因就得到了这个美好的声名了。古代的人获得大的名声的时候正是艰苦卓绝的时候，通常不能顺利地度过晚年！想到这些不禁害怕。想要准备写奏折把这些权力辞掉，不要再管辖这四省吧，害怕背上不胜其任、以小人居君子的罪名。

正因为如此，曾国藩虽身居高位，也时时如履薄冰，大功告成之日，更是益觉如蹈危局。倒使得曾国藩该得到的也得到了，不终也“终”了，不胜也“胜”了。

曾国藩为一名政府大员，不管是出于自卫，还是出于名利，他也曾面临过无数的空中乱石袭击的危险，但都能化险为夷，不管别人如何评判，他自己最后还是功德圆满。如果我们不去评判当时的是非曲直，只从保护自己方面言之，曾国藩身上仍有一些值得我们借鉴之处。

求功进身时，要夹起尾巴做人

自己明明有才能、有见地，却要深藏不露，还要匿壮显弱，抑聪示愚，这其中隐含着深刻的人生进身哲学。

君不见，同样具有耀眼的才华，同样在社会中奋发，有的人能卷起万丈狂澜，干起惊天动地的伟业；有的人，在浪涛中扑打了几下就沉入海底，成了昙花一现的人物；有的人如水面泡沫般迅即消失，成了来也匆匆、去也匆匆的过客；有的则被波澜冲刷、荡涤，再也找不到他的踪影。纵观人类社会的历史长河，阅尽古往今来的风云人物，可以发现，凡能够并善于做到不形于色、不形于言，善于隐态藏锋，匿壮示弱者，大都能够顺利踏平人间坎坷，不断交上人生红运。

清朝末年的醇亲王奕譞懂得个中道理，因此在血雨腥风、瞬息万变的政治风云中，不但能保全性命，而且官越做越大，地位也越来越巩固。

醇亲王奕譞是清咸丰帝的弟弟，他的福晋(即夫人)是慈禧太后的亲妹妹，因此，他不仅是慈禧太后的小叔子，又是其妹夫，在当时是赫赫有名的七爷。

奕譞年轻时曾锐意于清廷内部权力的争斗，他在热河时就与慈禧太后联合在一起，秘密起举缮定准备发动政变、惩处肃顺等顾命八大臣的谕旨，回到北京随慈禧太后、六哥恭亲王奕譞发动“辛酉政变”后，又带领军队夜抵密云捕捉肃顺，为慈禧太后上台垂帘听政立下了汗马功劳，被授以都统、御前大臣、领侍卫内大臣。但是，不久以后他就看到清廷内部权力斗争的残酷无情，特别是比他功劳更大、地位更高的奕譞，曾因小过险遭罢斥之祸之后，奕譞的处世态度顿为大变，时时事事谦恭谨慎。他特意命人仿制了一个周代的欹器，这个欹器若只放一半水，就可以保持平衡，若是放满了水，则会倾倒，使全部的水都流失掉。奕譞便在欹器上亲自刻了“谦受益，满招损”的铭词。

1874年，同治帝驾崩，无子嗣，慈禧太后召集王公大臣等宣布说，欲立奕譞的儿子载恬为皇帝。听到自己的儿子被选立为皇帝，奕譞不但没有丝毫的兴奋，反而被吓得昏倒在

地，碰头痛哭，被人搀扶而出。奕譞及其夫妇都深知慈禧太后气量偏狭，待人凶狠无情，就是她的亲生儿子同治帝也时常遭慈禧的责骂虐待，自己儿子一旦为帝，如入虎穴，不但儿子时刻有忤旨杀身之祸，就连他奕譞本人也难免为慈禧太后所疑忌。因为他的儿子做了皇帝，他本人就成了"皇帝本生父"了，本生父虽然与太上皇不同，但如果将来他的儿子大权在握，就有可能把他尊为太上皇，这就会损害慈禧太后的权力，而慈禧太后恰恰权力欲旺炽，是万万不能容忍的。为了远避嫌疑，表明自己的心迹，奕譞一面言辞悲悯地恳请罢免一切职务，表示要"丧尽余生，与权无争"；一面秘密地向慈禧太后呈递奏折说，将来很可能有人利用他是清光绪帝本生父的特殊地位，援引明朝皇帝"父以子贵，道遭所尊亲"的例子，要求给他加些什么尊号，如果是这样的话，就应该将提倡建议的人视之为"奸邪小人，立加摒斥。"

巧合的是，光绪帝继位的第15年，果然有一个官员上疏清廷，请求尊奕譞为"皇帝本生父"。慈禧太后见疏大怒，拿出奕譞以前的奏折为武器下谕痛斥此人以邪说竞进，风波很快平静了下去。

在我国的封建专制制度之下，伴君如伴虎，尤其是像奕譞这样具有皇帝生父特殊身份的人，更容易遭到慈禧太后的猜忌，稍有不慎，就会大祸临头。奕譞谦虚谨慎，不因自己有功而大肆宣扬，不但保全了自家的性命，而且还赢得了慈禧太后的欢心。

大人物如此，小人物也不例外。

有一位图书情报专业毕业的硕士研究生，分到上海的一家研究所工作，从事标准化文献的分类编目工作。他认为自己是学这个专业的，自以为比那些原班人马懂得多，刚上班时，领导也摆出一副“请提意见”的派头，这种气度让他受宠若惊，于是工作伊始，他便提出了不少意见，上至单位领导的工作作风与方法，下至单位的工作程序、机制与发展规划，都一一综列了现存的问题与弊端，提出了周详的改进意见，领导表面点头称是，群众也不反驳。可结果呢，不但没有一点儿改变，他反倒成了一个处处惹人嫌的人，被单位掌握实权的某个领导视为狂妄、骄傲乃至神经病，一年多竟没有安排他具体做什么事。后来，一位同情他的老太太悄悄对他说：“小刘哇，我当初也同你一样，可我一辈子抬不起头，你还是换个单位吧，在这儿你把所有的人都得罪了，别想有出息。”于是，这位研究生“闭上了鸟嘴”一段时间后，他只好炒领导的鱿鱼，跳槽了。临走时，领导拍着他的肩头：“太可惜了！我真不想让你走，我还准备培养你当我的接班人哩！”那位研究生一边玩味着“太可惜”三个字，一边苦笑着离开了。

无数的经验告诉我们：在工作上别在同事中间充当“擎天柱”，你即使是座擎天柱也应想到山外有山，天外有天，只有那些谦逊的人，才能有机会施展自己的才华。

5.直木遭伐,井甘水枯

《庄子》中有一句话叫"直木先伐,甘井先竭。"这是说人们选用木材时,多选择挺直的树木来砍伐;水质甘甜可口的水井总是被人首先淘干。同样,在社会上,那些才华横溢、锋芒太露的人,虽然易出风头,惹人注目,可是也容易遭人暗算。因此说,人们在努力表现好的一面的同时,也要想到不利的一面,这样才有利于使自己在社会上求得保全。

憨者喜欢卖乖,智者喜欢卖憨

把目标和意图藏在心里,含而不露,让人捉摸不透,暗地里偷偷摸摸地把事办成了,再让天下人大吃一惊。一切的一切,都是为了保持你那仅有的"存在"。动刀动枪的战争不常有,但在社会丛林里,人生的战争却天天上演,有时候你是强者,但在某些情况下,你却又是个"弱者"。当你沦为"弱者"时,与其苦斗,不如智斗,为了保持你那微小的仅有的"存在",可以"诈死""装败"来寻求生机。

有一种瓢虫,当你用手碰它时,它就停止不动,连脚都缩了起来,任凭你怎么拨弄它,它就是一副死样子,可是过一段时间后,它又开始走了!

这就是"诈死"!

有一种鸟，在它孵卵的时期，若有外敌入侵，它会先与外敌搏斗，翅膀扑了几回后，便假装受伤，跌跌撞撞地“败走”，外敌受到这个动作的吸引，会过去追逐这只败鸟，等外敌远离鸟巢，“败鸟”立刻高速逃走，于是巢中的卵获得保全。

这就是“装败”！

人类对“诈死”与“装败”的运用最令人叹为观止，尤其是两军对峙时，较弱的一方就不得不“诈死”或“装败”，以寻求生。而实力较强的一方，有时也会为了尽快打败对方而采用“诈死”或“装败”的策略。

“诈死”和“装败”若诈得像，装得真，通常可以产生下列的效应：

——混淆对方的判断，制造对方作判断时的负担，并使其作出错误的判断而踏入陷阱。

——延迟对方下决心的时间，因为对方对你的动作，势必有分析判断的过程，这个过程正是你喘息的时间。

——助长对方的骄气，使其松弛警戒，而你则可趁此寻找求生的契机。

——诱使对方解除对你的压力，因为对方也巴不得赶快卸下心头的重担，你的诈死装败正好制造了他们心理上的借口。

如果实力较强的一方“诈死”和“装败”，则可降低对方的戒心，甚至让对方以为有机可乘而作出飞蛾扑火的动作。不过一般来说，实力较强的一方往往会为了面子，不屑采用

这种策略。

出头的椽子先烂

更多地暴露自己，就会更多地经受世间的风吹雨打，相对于隐蔽处的椽子自然要首先腐烂。

一个人在社会上，如果不合时宜过分张扬、卖弄，那么不管多么优秀，都难免会遭到明枪暗箭的打击和攻讦。

吴王箭射灵猴的故事留给人们的启迪正在于此。

吴王乘船在长江中游玩，登上猕猴山。原来聚在一起戏耍的猕猴，看到吴王前呼后拥地来了，立即一哄而散，躲到深林与荆棘丛中去了。

但有一只猕猴，想在吴王面前卖弄灵巧，它在地上得意地旋转，旋转够了，又纵身到树上，攀缘腾荡。吴王看这猕猴如此逞能，很是不舒服，就弯弓搭箭射它，那猕猴从容地拨开射来的利箭，又敏捷地把箭接住。吴王脸都气红了，命令左右一齐动手，箭如风卷，猕猴无可脱逃，立即被射死了。

吴王回头对他的友人说，这灵猴夸耀自己的聪明，倚仗自己的敏捷傲视本王，以致丢了性命。要以此为戒呀！可不要用你们的姿态声色骄人傲世啊！

吴王的朋友深为震动，回去立即拜贤人为师，努力克服意气神态上的缺点，生活俭朴，最后赢得了很多人的称赞。

莫与强者争锋

在强者面前示弱、在弱者面前示好是低调做人和寻求自我保全的大学问。但古今中外都有很多人不得此中精义，喜欢与强者争风吃醋，到头来只能是自讨苦吃。

战国末期的著名政治家李斯是为秦王谋划国事的重臣，他建议对现存的其他六国进行各个击破的方针深得秦王赞同。他分析了各国形势，认为韩国最弱，且为秦之近邻，应以此为突破口，"先取韩以恐他国"。秦王赞同李斯的主张，并让他具体谋划灭韩之策。

正当李斯踌躇满志的时候，半路却杀出个程咬金。

这个人就是韩非。韩非为韩国贵族，早年曾与李斯同就学于荀卿，攻读刑名法学之术。但两人选择的道路却截然不同：李斯择地而处；韩非却眷恋故国，情系家园，学成归国，渴望力挽狂澜，扶社稷于即倾，振兴韩国。韩非一向学习勤奋，研究法家之学深得要领，能吸取法家的法、术、势三派之长兼收并蓄，融为一体，取长而用。并以此理论为基础，制定了一系列法家政策，如：加强君主集权，剪除私门势力，选拔"法术之士"，以法为教，以吏为师，禁止私学；厉行赏罚，奖励耕织，谋求国家富强，等等。他屡屡进谏韩王，但昏聩无能的韩王却根本听不进去，一心只在享乐上。

韩非平素不受韩王重用，当得知秦先亡韩的消息后，韩王才想到韩非，急忙派他出使秦国，说服秦王，以图存韩。

韩非原为韩王的使者，但以后的事实却使情况发生了陡转急下的变化。原来公元前234年，韩非到了秦地，眼见国富民安，一派万象更新、蒸蒸日上的景象，知道这是个英明国君治下的国度，在此英雄可以一展宏图，韩非为之振奋，

而秦王读过韩非的《内储》《外储》《五蠹》等文章，很是敬重和爱惜韩非，就把他留在秦国，想日后重用他。

"人择明主而仕"，也是人之常情。但另一方面，一山不容二虎，李斯与韩非，就此结下矛盾。韩非并非等闲之辈，一旦得到秦王重用，李斯地位则岌岌可危。

韩非当年就学时，才学在李斯之上，因为口吃，不擅言辩，更使他致力于著说撰文，日久，则文笔日益锋利洗练，非李斯可比。此时，又不能审时度势，臣服于李斯，这就使得李斯怕他受秦王重用夺走自己受宠的地位，也怕他破坏自己"先取韩以恐他国"的战略计划，于是下决心除掉韩非。

常言道：无毒不丈夫。李斯为除掉韩非，不择手段，心狠手毒。李斯以先伐赵而缓伐韩等为借口，在秦王面前轮番诽谤谗陷韩非。日久，使秦王渐渐对韩非心生疑窦。李斯见火候已到，不失时机地谏秦王道："韩非身系韩国公子，终究是心向韩国，必不肯为秦国效力，这是人之常情。日后若放他归国，定然贻害不浅；不如寻他个过错，依法诛杀了事。"秦王既已对韩非产生疑心，便同意了李斯不放虎归山之议，将韩非拘捕入狱。李斯怕秦王日久会明了真相，重新起用韩非，就急忙派人送毒药给韩非，催促他马上自杀。韩非一入狱，就多方设法上书秦王，申辩其冤情。但李斯对此早有所料，预先已将牢狱各关节都堵住，使韩非哭诉无门，只得被迫饮鸩自杀，时为公元前233年。

除掉韩非，李斯一方面除掉一个心腹大患，巩固了自己的地位，另一方面又得以借韩非智慧，为我所用，一石二鸟。

同行是冤家,竞争对手的强弱,将直接关系到自己的命运。可惜当时韩非并不知晓这其中的奥妙。李斯在秦国位高权重,又深得秦王信赖。韩非未识时务,只知进,不知退,面对强手竟不识眉眼高低,硬着头皮与之争锋,显然缺乏低调做人的功夫。

6.炮弹总是射向暴露的目标

在职场上,你工作出色,业绩卓著;在商场上,你生意红火,财兴人旺;在仕途上,你平步青云,春风得意……这自然是你得天独厚的优势。然而,这种优势也容易成为众矢之的。正如在战场上,敌人的炮火总是先对准暴露的目标。如何才能既保有自己的优势,又避免成为攻击的目标,就需要一套特别的处世谋略。

也分大家一杯羹

记得王海上将被授予上将军衔时曾说:“我是替无数牺牲的战友们接受这个军衔。”王海将军此言既是谦虚,却也道出了一个真理。现今所有的成功者都不妨想一想,三百六十行,不管在哪一行,哪有一个成功者敢说自己之成功完全源于自己,没有别人一丝一毫的功劳呢?

金钱只是我们用来丰富自己和他人生活的工具。拿出你收入的10%,这条法则并不新奇。可以保证,你给出的越

多,你得到的就越多。

大多数人的本性都是善良的。他们之所以不拿出钱来是因为他们认为社会不缺他们的这一点钱。富人则身体力行,他们明白拿出钱来不仅给了别人利益,而且这样还消除了恐惧,恐惧是妨碍财富积累的重要障碍之一,只是拿出钱来布施社会,不抱任何功利目的,这样做将会有这样做的回报,种下了什么因定将收获什么果。

与别人分享你的财富,这的确需要技巧,洛克菲勒家族的人认为,给予对于财富本身是至关重要的。他们建立一个遗产基金,认为它在你死后将依旧存在,前人种树,后人乘凉,你拥有的越多,你可以与别人分享的就越多,有时候我们不提自己拥有想要的一切,因为我们不想使别人尴尬,不想把别人甩在我们身后。然而,事实上,如果你得到了自己想要的一切,并且同别人一起分享你成功的经验,使他们与你一同富起来,这才是真正对他们好。

约翰也是一个乐善好施的人:

约翰做感测器研究。毕业后不久就自己开了一家公司,用感测器做防盗器材。他很早就用电脑设计, 生意越来越大,成为美国最大的保安系统公司的老板。由于中东问题,美国飞机好几次被恐怖分子劫持,约翰得到了大宗合同,替机场设计安全系统。这时,约翰的身价已达四亿美元。

一年以后,忽然在《华尔街日报》登出一则消息,约翰将他的公司和豪宅卖掉了,得了四亿多美金。他在记者会上宣布,他留下一个零头,用四亿美金成立一个慈善基金会,基金会的董事们全是社会上有头有脸的人。他相信他们会操作好的。

几天以后,约翰夫妇消失了,他们的亲人替他们保密,他们的女儿也和一个年轻人结了婚,到非洲去帮助穷人了。这位科技名人,从此失踪了。

一年以后,他出现在英国一个偏远的乡下,他给了他的一个朋友电话和地址,他的朋友找到了他,约翰的家比以前的豪宅小得多了。据他说,这座小房子比当年佣人住的房子还小。他们的后园对着一大片森林,他们面对的山谷由英国诗人协会所拥有,他们不会开发这片荒原的,英国人喜欢荒原,约翰夫妇也养成了在荒原中散步的习惯。

约翰告诉朋友为什么他最后决定放弃一切。他的公司得到了一个大合同:改善整个加州监狱的安全系统。他发现加州花在监狱上的钱比花在教育上的还多。而他呢?他越来越有钱,却越来越像是住在一座监狱里面。美国人一向标榜社会的“自由和开放”,其实美国人却越来越将自己封闭起来,越来越使自己失去自由。

现在,约翰夫妇在附近的一家专科学校教书,约翰教线路设计,学生所设计出来的线路经常得奖,他捐了很多钱给这所学校,使这所学校有很好的图书馆和实验室,他太太在那里教英文。

约翰告诉他的朋友, 他们两人的薪水就足以应付生活了,他们生活得很简单,平时骑自行车上班,连汽油都用得很少。

约翰送他的朋友去火车站的路上,他告诉朋友,他还有一些钱，他的女儿不会要他的这些钱，等他和太太都去世了,他的钱就全部捐出去了。

朋友说,我好佩服他。因为他已经捐出他的全部所有,他粲然一笑,告诉他的朋友他仍有一样宝物,没有捐掉。他的朋友对此大为好奇，问他是什么，他用一张小纸写了下来,叫他的朋友等火车开了以后再看。当他的朋友打开那张纸,看到纸上写的是“我的灵魂”。

同样的故事也发生在李兆基身上。

1988年的一天，建筑部的经理向香港富豪李兆基提及说承接恒基集团一项工程的承包商要求他们补发一笔酬金,遭到了建筑部的拒绝。

李兆基便问:“那个承包商为什么要出尔反尔呢？一定有他的原因吧？”

“是的，”建筑部的人回答,“他说他当初落标时计错了数。直到如今结账时,才发觉做了一单亏本生意。”

本来,这桩买卖是签了合同的,有法律保障,大可不必对此进行处理。

李兆基却说:“在市道不俗时，人人赚到钱，唯独他吃亏,也是够可怜的。法律不外乎人情,承包商是我们的长期合作伙伴,反正这个地盘我们有钱赚,就补回那笔钱给他,皆大欢喜吧！”

由此可见,注重人情投资也是做人的一项基本功。无论做什么事,一定要讲点儿人情味儿。

同事，是一个人事业上的合作者；下属，是一个人事业上的垦荒人，要想成就一番大业，就必须获得他们忠心耿耿的支持与帮助。让他们也获得必要的利益，只有这样大家能够众志成城，还有什么样的困难不能被克服呢？

这里讲的仍然是李兆基的故事。李兆基之所以能成为亿万富翁，做出那么大的局面，与他善于运用人际关系技巧有着十分重要的关系。

凡跟李兆基工作过的人都对他赞不绝口，认为他是最照顾伙计利益的好老板。

为了取得同事的精诚合作，李兆基总给几位左右手一些机会，让他们注股于一些十拿九稳的房地产计划上，让他们能赚到比薪金多几倍的利润。使同事分享业务的盈利，感受做生意的乐趣，对士气肯定会有良好帮助，这是李兆基的一贯态度。

有一次，李兆基拿出某地产项目的15%让身边的5位好伙计加股。结果，有一人没那么多钱，只好把股份放弃了2%。

李兆基知道了这件事，在问明原委之后，对他说："我有机会赚1万，都希望你们赚100。这样吧，我把名下的2%股份让给你，股本暂时你欠我的，将来赚到钱，你再偿还给我吧！"

于是，大家都赚到了钱。对于李兆基来说，真是本小利大。付出小小的钱，就能赢得一团和气，合作愉快。

对下属，李兆基同样是善用人情，巧妙关怀，扶危济急，赢得一片忠心和无限感激。

在西方，平民对富人的敌对潜意识不像我们中国人这样强烈，可能是因为那些成功者都像约翰、洛克菲勒一样，不唯己有的关系吧。

据报刊载：比尔·盖茨每年都向慈善机构捐款几百万美元，我国也有许多人“富了不忘众乡亲”，从而使许多名人虽然获得了非凡的名利，却仍然受到人们的喜爱。

得势时不要咋咋呼呼

佛教上讲，人的一生就是受苦受难的过程，我们不能要求每个人都来信奉这个观点。但是，你要谋求发展，就要处处小心谨慎，稳步前进，夹起尾巴做人。话虽然是粗俗了一些，但里面包含的大道理，还需要我们慢慢去领悟。

三国时期曹操的著名谋士荀攸，智慧超越，谋略过人，他辅佐曹操征张绣、擒吕布、战袁绍、定乌桓，为曹氏集团统一北方、建立功业，做出了重要的贡献。他在朝20余年，能够从容自如地处理政治旋涡中上下左右的复杂关系，在极其残酷的人事倾轧中，始终地位稳定，立于不败之地，就在于他能甘于淡泊缄默，所以才能避招风雨。曹操有一段话形象而又精辟地反映了荀攸的这一特别的谋略：“公达外愚内智，外怯内勇，外弱内强，不成善，无施劳，智可及，愚不可及，虽颜子、宁武不能过也。”可见荀攸平时十分注意周围的环境，对内对外，对敌对己，迥然不同。参与军机，他智慧过人，连出妙策；迎战敌军，他奋勇当先，不屈不挠。但对曹操、对同僚，却不争高下，表现得总是很谦卑、文弱、愚钝、怯懦。

有一次，他的姑表兄弟辛韬曾问及他当年为曹操谋取袁绍冀州的情况，他却极力否认自己的谋略贡献，说自己什么也没有做。他为曹操“前后凡划奇策十二”，史家称赞他是“张良、陈平第二”，但他本人对自己的卓著功勋却是守口如瓶，讳莫如深，从不对他人说起。他与曹操相处20年，关系融洽，深受宠信，从来不见有人到曹操处以谗言加害于他，也没有一处得罪过曹操，使曹操不悦。建安十九年荀攸在从征途中善终而死，曹操知道后痛哭流涕，说：“孤与荀公达周游二十余年，无毫毛可非者。”并赞誉他为谦虚的君子和完美的贤人；这都是荀攸避招风雨，精于应变的结果。

避招风雨的应变策略，初看起来好像比较消极。其实，它并不是委曲求全，窝窝囊囊做人，而是通过少惹是非，少生麻烦的方式，更好地展现自己的才华，发挥自己的特长。同时，对于一些谋士来说，运用避招风雨的策略，不仅可以保命安身，还可以求得一个好的终结。“运筹帷幄，决胜千里”的千古良辅张良，在功成名就时，汉高祖让其择齐地3万户为封邑。那时，连年战争，人口锐减，粮食奇缺。齐地素以富饶著称，对于立国不久，困难重重的汉朝来说，齐地的3万户是个极为丰厚的食禄。然而，张良却婉然谢绝了刘邦的厚赐，只选了个万户左右的留县，受封为“留侯”。张良置荣利而淡之，行“避招风雨”术，其明哲保身的用心，可谓良苦。

道格拉斯·麦克阿瑟是美国著名的五星上将之一。1880年1月26日，他出生在阿肯色州小石城的一个军营里，父亲阿瑟·麦克阿瑟当时是正规部队的一名上尉，母亲玛丽出身

富商，受过良好的教育。

麦克阿瑟的一生充满了传奇色彩：19岁入西点军校，23岁以总分第一名的成绩走出军校大门；50岁的时候，是美国陆军历史上最年轻的参谋长。在第二次世界大战期间，任西南太平洋战区盟国武装部队总司令；二战结束后，任美国远东部队司令官；美国侵朝战争时期，任"联合国军"总司令。1951年4月11日，麦克阿瑟52年的军旅生涯在鼎盛期戛然而止。

这一天，美国总统杜鲁门发表声明："我深表遗憾地宣布，陆军五星上将道格拉斯·麦克阿瑟，已不能在涉及他所担任职责的问题上全心全意地支持美国政府和联合国的政策。根据美国宪法赋予我的特殊责任和联合国赋予我的责任，我决定变更远东的指挥。因此，我解除了麦克阿瑟将军的指挥权，并任命马修·李奇微中将为他的继任者……"

杜鲁门总统做出的这一决定源于麦克阿瑟的长期桀骜不驯，且对任何关于国家甚至国际间的大事都敢"口吐狼言"。

朝鲜战争爆发后，麦克阿瑟与决策层最初出现龃龉并非因朝鲜问题，而是由美国的对台政策引起的。美国政府认为，蒋介石政府已经丧失了民众的支持，美国对蒋的援助，不仅会疏远中国大陆群众，还会在亚洲各国激起强烈的反美、反西方的情绪。在白宫看来，若派遣国民党军队参加朝鲜作战，其所需费用"还不如用来支持我们自己的军队更合算些"。因此，美国政府决定，与台湾的关系不能太密切。

但是，政府的决定却遭到以麦克阿瑟为首的美国军界的反对。麦克阿瑟要求政府的政策能“更坚决地”支持中国国民党，“更积极地”反对中国共产党。1950年7月21日，麦克阿瑟访问台湾。返回东京后，他发表声明称，如果台湾受到中共的攻击，美国与台湾的“有效合作”马上就能完成部署。8月1日，蒋介石发表公报，称他和麦的会谈，已经奠定了共同保卫台湾和“中美军事合作”的基础。

这两个声明、公报引起了华盛顿的不安，杜鲁门总统8月4日在以国防部长约翰逊名义发出的信件中，用严厉的措辞对麦克阿瑟提出了警告，提醒他：“国家利益至关重要，我们不能做出任何可能导致全面战争爆发的行动，或是给别人提供发动全面战争的口实。”

但是，麦克阿瑟对这一警告置若罔闻。8月28日，他在发给“海外战争退伍军人协会野营活动”的贺电中，驳斥了美国保卫台湾会失去亚洲人的支持的说法，他说，讲这种话的人，并不了解东方。

杜鲁门获悉该电文后，非常恼怒，曾认真考虑过解除麦克阿瑟远东战区司令官的职务。但最终，他“经过认真斟酌，决定打消这个主意”。

然而，麦克阿瑟在朝鲜战场上一败涂地，又狂热地鼓吹扩大战争；他自行其是，无视参谋长联席会议和总统的权威，在世界舆论面前，屡屡陷美国政府于被动。这使得杜鲁门忍无可忍，最终采取了解除麦克阿瑟职务的行动。

一个声威显赫的传奇将军，就这样黯然地被解除了职务，留给人们的感慨和思索实在太多了。所以，即便你声名远播，即便你功勋卓著，即便你业绩骄人，即便你如日中天，你也不必目中无人，不可一世，而应高标处世，低调做人。盲目地自骄自负、不切实际地固执己见，就注定要以惨败而告终，此乃世事之必然、人生之警策。

第七章
低调做人是最绝妙的明哲保身艺术

知进而不知退，善争而不善让，定然会招来灾祸。殷鉴不远，历史的教训依稀还在发出深深的叹息。所以司马光在《资治通鉴》中才发出“汉三杰而已，萧何系狱，韩信诛夷，子房托于神仙”的慨叹。

1.在行为上低调:免得枪打出头鸟

低调做人是一种境界,一种修炼,一种体悟;不止要在心态上调整好自己,更重要的是要调整好自己的行为:在行为上保持低调才能真正走好自己的人生之路。

功高不震主,在行为上莫出风头

庄子曾经提出“意怠”哲学观点,托言于一种很会鼓动翅膀高飞的鸟,别的方面毫无出众之处,别的鸟飞,它也跟着飞,傍晚归巢,它也跟着队伍,前进时不争先,后退时不落伍,吃东西时不抢食,不脱队,因此很少受到同类的威胁。从表面看来“意怠”的生存方法太保守,但这样做却大有可取之处,在行动上不前不后,保持中庸,在社会生活中就不会成为众枪围攻的“出头鸟”。

并且,中国有句老话“满招损”,意思是说喜欢自我炫耀的人,必然会招致别人的反感。所以,一个有才华的人,要善于审时度势,隐匿自己。“大成若缺,其用不解,大盈若亏,其用不穷;大辩若讷,大方无隅,大器晚成,大音希声,大象无形”说的就是要善于藏而不露,以待时机。

唐代的顺宗在做太子时,亦好作壮语,慨然以天下为己任。在中国古代太子有能力,服人心,自然也是顺利当上皇帝的一个条件。但如果太子能过父皇，又往往有逼父退位的举动，所以又常会遭父皇的猜忌而被废黜。聪明的太子因此必须不能表现出太强的才干，造成太响的名气。顺宗做太子时，曾对东宫僚属说："我要竭尽全力，向父皇进言革除弊政的计划！"他的幕僚于是告诫他："作为太子，首先要尽孝道，多向父皇请安，问起居饮食冷暖之事，不宜多言国事，况且改革一事又属当前的敏感问题，如若过分热心，别人会以为你邀名邀利，招揽人心。如果陛下因此而疑忌于你，你将何以自明?"太子听得如雷贯耳，于是立刻闭嘴黜音。德宗晚年荒淫而又专制，太子始终不声不响，直至熬到继位，方有唐后期著名的顺宗改革。而隋炀帝的太子杨暕就没那么好的涵养了，一次父子同猎，炀帝一无所获而太子满载而归，炀帝本来就感到太子对自已不够尊重，这一下被儿子比得抬不起头来，于是寻了个罪名把杨暕的太子名号给废了。

同为太子，顺宗明时度势终登皇帝之位，而杨暕却锋芒毕露，功高盖主，后被废黜，可见锋芒能否适时显露，事关一人的前途命运。

即使是对有大志向的人来说，低调做人也并不是苟且偷生，而是一种以退为进的谋略。

老子主张，"我无为而民自化，我好静而民自主，我无事而民自富，我无欲而民自朴"。又说"上善若水，水善利万物而不争"。水因为安于卑下，不争地位，善利万物，所以谁都喜欢它。它就像接纳众多溪流的江海一样，成为众水的统领。

老子反对锋芒毕露，争强好胜，认为“兵强则灭，木强则折”“强梁者不得其死”。老子这种与世无争的谋略思想，深刻体现了事物的内在运动规律，已为无数事实所证明，成为广泛流传的哲理名言。

唐朝李泌曾以与世无争的谋略，几度出山匡扶唐廷，力挽狂澜，立下卓著功勋。李泌少聪敏，博涉经史，精研《易象》，善为文，常游于嵩、华、终南诸山间。当时他的名声很大，唐玄宗赏识他，夸他为“神童”。宰相张九龄器重李泌胆识，呼他为“小友”。唐玄宗欲授李泌官职，李泌固辞不受。玄宗命他与太子游，结为布衣交。太子常称其先生而不称名。

天宝年间，李泌看到天下的危机形势，赴朝廷论当世时务，但为杨国忠所忌，于是他又潜遁名山。后安史之乱发生，太子唐肃宗即位于灵武，特地召见李泌；李泌陈述天下成败之事，甚称肃宗之意。但李泌固辞官职。李泌说：“陛下屈尊待臣，视如宾友，比宰相显得贵多了。”最后被授以散官拜银青光禄大夫，使掌枢务，凡四方表奏，将相迁除，皆得参与。李泌虽不是宰相但权逾宰相，李泌劝唐肃宗俭约示人，不念宿怨，选贤任能，收揽天下人心，终于收复长安洛阳。李泌见唐廷转危为安立即要辞归山林。唐肃宗坚决不同意，说：“朕与先生同忧，应与先生同乐，奈何思去？”李泌说：“臣有四不可留：臣遇陛下太早；陛下任臣太重；宠臣太深；臣功太高；所以不可复留。”后来终于说服唐肃宗，李泌隐归衡山。

唐代宗时，时局艰难，藩镇割据，又特召李泌出山，命他为相，李泌一再固辞。代宗只好在宫中另筑一书院，使李泌

居住,军国重事无不咨商,李泌又成了实际上的宰相。后来当时局好转后,李泌又辞归山林。

李泌一生,好谈神仙,颇尚诡诞,实际上是个幌子,他危时出山辅佐朝政,不争权位,安则归山养性,与世无争。

看看历史上那些既得善始又得善终的英雄俊杰,大都是在行为姿态上规避风头的大师。

才大不气粗,在德行上不要卖弄

按照系统论的观点,任何一件事都不是孤立存在的,而是只能存在于一个系统之中。有些人往往忽视这一点,他们在爬到一定高位时,不是居功自傲,便是矜才使气,盛气凌人。想一想宇宙之大,人际之繁,一人之功,一己之才算得了什么?更何况每一个人的“功”和“才”都是踩着别人的肩头摘得的。所以,才大而不气粗,居功而不自傲,才是做人的根本。

东汉名将冯异,品格高洁,才能出众,在中国历史上传为佳话,至今也是值得我们在实际生活中借鉴的样板。

冯异驰骋沙场几十年,战功累累,是汉光武帝刘秀中兴时一员杰出的统帅,但每次战役结束后,诸将并坐论功时,他为了避功,把封赏让给部下,常常独坐在大树下读书思过,因而军中称他为“大树将军”,他有帅才,却从不使气,虽战功赫赫,却仍高标处世,低调做人。

更始元年,大司马刘秀率王霸、冯异等将领历经艰险,攻克邯郸,擒斩王郎,平息叛乱。

冯异在邯郸之战中，千方百计克服种种困难，连夜为夜宿河北晓阳地区的大军筹措粮秣，熬煮稀豆粥，使将士饥寒俱解，恢复战斗力。

刘秀率军行至南宫时，正逢大雨滂沱，寒气逼人，又是冯异四处奔波，取薪燃火，供将士取暖烘衣，送上热气腾腾的麦饭，使官兵衣干腹饱，重上战场。

邯郸之战，刘秀大胜。他赞扬冯异"功勋难估，当为头功"。正当刘秀召集将领盘坐旷野论功行赏时，冯异却独自离众，待在一棵老槐树下聚精会神地读《孙子兵法》。当侍卫连拖带拉将冯异带到刘秀跟前时，冯异却对封赏一再推让。实在推托不掉，他便建议将此功让给属下的一名偏将，令这位偏将大受感动。刘秀见冯异淡泊功利，又赏他许多金银，冯异却悉数分给这次作战中表现勇猛的士卒。

冯异的做法，就非常有自知之明，因此他调动起部下来也得心应手，部卒愿意为他效力，同级之人佩服他，上司也欣赏他。

相对冯异来说，年羹尧就是一个不知深浅的人物，他的胞妹，是雍正帝的贵妃。

嗣皇帝登基之初，对年羹尧倍加赏识重用，几乎到了炽热颠狂的程度。首先命其接替允禵管理抚远大将军印务。年羹尧一直在西北前线为朝廷效力。因平定西藏时运粮及守隘之功，封三等公爵，世袭罔替，加太保衔；因平郭罗克功，晋二等公；叙平青海功，进一等公，给一子爵令其子袭，外加太傅衔。雍正二年八月，年羹尧入觐时，御赐双眼孔雀翎、四

团龙补服、黄带、紫辔及金币，恩宠到了无以复加的地步。不但年的亲属倍受恩宠，连家仆也有通过保荐，官做到道员、副将者。

年羹尧对此不但不知收敛，却更加得意忘形，更加骄横，并霸占了蒙古贝勒七信之女，斩杀提督、参将多人，甚至蒙古土公见年羹尧得先跪下，以此他遭到了群臣的愤怒和非议，弹劾他的奏章多似雪片。

内阁、詹翰、九卿、科道合词奏言年羹尧的罪恶“罄竹难书”，于是部议尽革年的官职。雍正三年十月，命逮年羹尧来京审讯。十二月，案成。此距发端仅有九个多月。议政王大臣等定年羹尧罪：计有大逆之罪五、欺罔之罪九、僭越之罪十六、狂悖之罪十三、专擅之罪十五、忌刻之罪六、残忍之罪四，共九十二款。

雍正帝早就了解年羹尧的所作所为，甚至在一些批示中令人怀疑他唯恐年不贪爱、不腐化。但转眼之间，这些行为全成了年羹尧的罪名。

雍正三年十二月，皇帝差步兵统领阿尔图，来到关押年羹尧的囚室传旨说：“历观史书所注，不法之臣有之。然当未败露之先，尚皆为守臣节。如尔公行不法，全无忌惮，古来曾有其人乎？朕待尔之恩如天高地厚，愿以尔实心报国，尽去猜疑，一心任用。尔乃作威作福，植党营私，辜恩负德，于结果忍为之乎？……尔悖逆不臣至此，若枉法曲宥，曷以彰宪典而服人心？今宽尔磔死，令尔自裁，尔非草木，虽死亦当感涕也。”年羹尧接旨后即自杀。此案涉及年家亲属及友人，其父年遐龄、兄年希尧罢官，其子年富立斩，诸子年十五以上者遣戍极边，子孙未满十五者待至时照例发遣，族中文武官员俱革职。

不可一世的年羹尧因为在处世上的无知而落得个可悲的下场，为后人敲响了做人的警钟。

2.在言辞上低调：话到嘴边留半截

在言辞上低调是做人的另一重要品质，与人谈话切不可让人听出你有傲气、瞧不起人、教训人、挖苦人的感觉。当你非要阐明问题时，也不可把话说尽说绝。在我们日常工作和生活中，有许多言辞并不是我们非说不可的，因而没有必要唇枪舌剑或信口开河，有些话，说得好未见得能获得好处，弄不好还会有许多是是非非接踵而来。

说话前要给自己定个调

即便自己在事业上取得了一定的成绩，或者有了一些特殊的优势，也千万不要傲气十足，牛气冲天，自以为高人一等，处处唱高调，时时摆身份，想怎么说，就怎么说，只图自己痛快，不顾别人感受，迟早会因失语于人而殃及己身。

在一所大学中就曾发生过这样一件事：同住一个宿舍的两名大学生，一个家长是一家公司的经理，他也跟着养成了说一不二、言必压人一头的脾气,另一个性格内向,自尊心很强,家长只是个一般的工人。当这个性格内向、自尊心很强的同学不幸患上了轻度的肺结核时,同学们都积极地关心他、照顾他,而那个高傲的同学却扬言要把他撵出这个宿舍,以免传染。这话严重伤害了患病同学的自尊心。后来,他们又因晚上睡觉熄灯问题发生争吵,那位高傲的同学本来没理,却蛮横地叫喊:"你得给我跪下求饶,否则,你在这寝室住一天,我就欺负你一天!"骂完后,他没事一般地去休息了。那位性格内向的同学,被劝到别的寝室住了一宿。古人说:"刀疮易受,恶语难消。"这位被骂的同学再也忍不下去了,他从别处借了一把锤子,在一天深夜,趁那位出口伤人的同学熟睡之际,用锤子向他头部猛击十多下,将他打死,自己也被法律判处了死刑。两个不满二十岁、入学不到一年的大学生,就这样结束了年轻的生命。

是什么害了他们呢?就是盛气凌人的言辞,当然也还有不成熟的性格。这教训不是很惨痛吗?

还有一位大学生毕业分到一家工厂,起初很得领导赏识,但好景不长,不到一个月,车间主任就对他越来越冷淡。他怎么也弄不明白其中的原委。经一位好心师傅点拨,他才恍然大悟:原来他刚走出学校,讲话爱用术语。什么"程序化""控制论""结构定向"等。而车间主任是中专毕业生,最烦别人在他面前咬文嚼字,卖弄学识。这位大学生无形中触到了领导的"自卑感",而致使自己处于不利位置。

平心而论,这位大学生不是要摆架子,卖弄学识,而是一副学生腔，满口的专业术语引起了别人的反感。这也是某些年轻人的通病，不能不引起注意。俗话说“看菜吃饭，量体裁衣”，“到什么山上唱什么歌”，说话也应考虑适应环境和对象。

收起脸子，放下架子

不管多么高的职位，都不要摆着脸子打官腔，放下架子谈话，丝毫降低不了你的身份；相反，你会赢得更多的好人缘。有的时候，谈话还要讲究分寸，不必一针见血，有意把话留给别人去想象，以免给别人造成难堪，而迁怒于你。

第二次世界大战胜利前夕的一次进攻战役期间，美军将领艾森豪威尔在莱茵河畔散步，这时有一个神情沮丧的士兵迎面走来。士兵见到将军，一时紧张得不知所措。艾森豪威尔笑容可掬地问他：“你的感觉怎么样，孩子？”士兵直言相告：“将军，我特别紧张。”

“噢！”艾森豪威尔说，“那我们可是一对儿了，我也同样如此。”

几句话，便把那个士兵精神放松下来，很自然地同将军聊起天来。

很明显艾森豪威尔达到了与士兵闲聊的目的，又树立了自己良好的形象。

有一次，前苏联领导人赫鲁晓夫率代表团到南斯拉夫参观访问，随行的有前苏联政府部长会议副主席米高扬和前苏联代表团成员以及一大群各国记者。一行人乘汽车在

公路上行驶着。突然,意外的事情发生了:赫鲁晓夫乘坐的那辆汽车的一个轮胎放了炮,汽车顿时停了下来。主宾的车一瘫痪,前后所有的汽车或堵或停,都横在了路边。

在如此重大的国事活动中出了这样的事，可谓爆炸性新闻。记者们兴奋地抓住这个消息,都准备尽快发出去。南斯拉夫总统铁托派来的随行人员见此情景急得满头大汗,因为汽车是东道国特意为赫鲁晓夫准备的。他们急忙七手八脚抢修汽车。一行人都站在路边,等着汽车修好。苏联国家元首和各国众多记者静静地干等着坏了的汽车，这使南斯拉夫主人更加难堪。

赫鲁晓夫站在一旁,心里非常清楚,如果就这样等着,再让记者们把这件事报道出去，不但会使主人铁托和南斯拉夫政府极为难堪,而且自己也觉得尴尬。于是,他灵机一动,转过身去,笑嘻嘻地向一旁的米高扬挑战,问米高扬敢不敢在路边和自己比赛摔跤。总书记叫阵，米高扬欣然而从。顿时,两人就在路边众目睽睽之下较起劲来。两人各显绝技,拼力角逐,摔得不可开交。世界闻名的苏联领导在马路上像普通人一样摔跤较劲,这可是闻所未闻的事,人们的注意力一下子被吸引过来。

记者们一拥而上争相抢拍镜头。南斯拉夫的工作人员乘机从容迅速地修好了汽车。一行人顺利上路,访问也没耽误。

转天，各国新闻记者向外发出了一系列描述两位共产党领导人“重量级运动员”在路边进行体育比赛的消息。而那件令人难堪的汽车放炮事件,早被记者们忽略,没有在报纸上出现。

发生了难堪的事情是难免的,但不能陷于慌乱,更不能胡乱掩盖,那样会欲盖弥彰。这时应沉着冷静,想办法转移人们的注意力和兴奋点，使人们忽略和忘却刚才的难堪才对。这不单单是为主人解围,其实也是一种礼节,作为客人,遇到主人有难堪的事情发生,如果能主动为主人解围,主人一定会对你更加尊敬。像赫鲁晓夫的举动一样,他不单单解了主人的围,也解了自己的围,更重要的是解了主人的服务人员的围。像这样的事情,弄不好服务人员是一定要受到处分的。所以,这无形中也为自己在主人那里讨得了服务人员的尊敬。作为客人,反正事情已经出现了,不费吹灰之力便一举两得,又何乐而不为呢?

1972年,尼克松总统访问前苏联。有一次在苏联机场,飞机正准备起飞,一个引擎却突然失灵。当时送行的前苏共中央总书记勃列日涅夫十分着急、恼火。在外国政界要人面前出现这种事是很丢面子的。因此他指着一旁站立的民航局长问尼克松总统:“我应该怎么处分他?”这等于说是给尼克松出了一道不大不小的难题,如果尼克松答得不妙,苏联人也可能借机让尼克松出点丑。“提升他,”尼克松很轻松地说,“因为在地面上发生故障总比在空中发生故障好。”尼克松的话一出,大家都笑了。巧妙得体的回答既保全了面子,又消除了尴尬。

在总统的座机或者汽车身上发生故障，总统恼火发脾气也是正常的,因为总统的身份已不属于个人,而是属于国家。即便是在这样重大的问题上,总统还是能凭借自身的修养,利用言辞来平和事态,不能不让人们佩服其高超的处世技巧和做人艺术。

沉默是福音

沉默,从表面上看好像显得愚钝木讷,其实不然;沉默是一种修行,是为自己镀上一个保护层。沉默是福,是无声中的有声,是上帝赐予纷繁尘世上的福音。

孔子观于后稷之庙,有三座金铸的人像,几次闭口不说话, 就在它的背上铭刻了几句名言:"古之慎言人也, 戒之哉!无多言,无多事。多言多败,多事多害。"

孔子铭刻"无多言,无多事",就是劝诫人们:为人宁可保持沉默寡言的态度,不骄不躁,宁可显得笨拙一些,也绝对不可以自作聪明,喜形于色,溢于言表。

有这样一首诗写道:"缄口金人训,兢兢恐惧身。出言刀剑利,积怨鬼神嗔。缄默应多福,吹嘘总是蠢。"善装糊涂,善于掩饰自己,不让他人觉得你深不可测,从而集中心思与力量来对付你。这便是"沉默是金"的道理。

人不可无缄口之铭!

《法句经》曰:"言多语失。"说话应谨慎,舍弃那些不可说的话,而只说应说的话。

日莲和尚在给其信徒的一封信中写道:"祸从口出而使人身败名裂,福从心出而使人生色增光。"它的意思是:有时说话的人并无恶意，但对听者而言，却可能伤及他的自尊心。所以劝诫人们，说话应谨慎，只说该说的话。

话说得体，则让人高兴；反之，只会让人伤心。就是同一个意思的话，出自两个人之口，听起来也有区别。你自己信口开河，根本意识不到会伤害人，但别人却认为你是有意的，如俗话所说“口乃心之门”，你明显是故意伤害他。

不爱多说话的人，他内心并不是糊涂得无话可说，而是他明白话说多了鲜有不败事的道理。

子曰：“君子欲讷于言而敏于行。”有道德学问之人，说话谨慎，工作勤勉，这句话强调了实际行动的重要，为人处世应少说话多做事。

日常生活中，一个人光说不做或只会说话不能付诸行动，久而久之，只会让人生厌。俗话说：“言多必失，”多说话比起多做事往往给人以夸夸其谈的印象，倒不如少说话，踏踏实实地多做实事则让人感觉勤奋踏实，值得信任。一个人只有做行动上的巨人，少言多思，才能取得成就。

司马迁作为一代伟大的历史学家，他在《史记》中这样评价汉代名将李广：“《论语》上说过位居于上的人行为端正，不发命令，下属也会效法他的行为去做；位居于上的人行为不端正，即使下了命令，也不会有人遵照去做。这说的就是李广将军这类人。我见过李广将军，他诚信忠厚，简直像个乡下人，不善于谈吐。可是当他逝世的时候，天下无论是认识或不认识他的人，都因为他的死而哀痛不已。这是他忠诚笃实的品质取得了人们对他的信赖的缘故！”

喜欢“说上句”,不管知道多少,都喜欢滔滔不绝地表达自己的观点,爱下结论,爱指点别人,这些语言行为都有过分张扬之憾,于明哲保身不利。聪明人应引以为鉴。

3.在心态上低调:知足者常乐

低调做人主要是一种心态,没有低调做人的心态,就决不会有低调做人的行动。只有在心态上淡泊了名利和身份地位,你才能放下身段低调做人;拥有了这样的心态,心里才是平和的、满足的,才能不以物喜,不以己悲,才能知足常乐。

拥有所衷爱的工作,就是快乐

一段戏曲里有这样一句:“叹世间多少痴人多是忙人,少是闲人。”现代人何尝不如此,他们忙什么?忙找门路升官,忙着赚钱,升了科长想当局长,升了局长想当市长,有一万想两万,有了两万,想十万,像蚂蚁一样忙忙碌碌,乐此不疲,不知满足,不知他们最后要忙到自己过上什么样的日子为止。然而,忙人都能升官发财吗?未必!而且忙里少不了明争暗斗,因此说他们是一群痴汉。

但也有一些与这些痴汉不同的人:

伟大的科学家法拉第,不仅为人类发现了电磁感应,还完成了由磁向电的转化,发现了电解定律和磁致旋光效应。

为此,世界各国给予他94个名誉头衔。按他为人类做出的伟大贡献,给他一万亿美元,享受国王的待遇也不为过;然而当英国官方想封他为爵士,给他加一个贵族的头衔,使他永远摆脱平民的身份时,官方每一次派人试探都遭到了拒绝。他始终这样答复:“法拉第教授出身平民，他不想变成贵族。”法拉第至死都没有忘记,他是铁匠的儿子,他的血管里流的是铁匠的血液。他更没有忘记,他自己当过报童,他对报童永远怀有一种特别亲切的感情。他在街上走过,看到报童,心里总禁不住要升起一股柔情,他会停下脚步,抚摸一下他们那苍白的脸孔和瘦削的胳膊，对他们说几句亲切的话,或者故意多买几张报纸。特别使他不能忘记的是,他是订书匠出身，他不能忘记自己的手艺。在他最后的时日里,他用自己苍老、粗糙、伤痕斑斑的双手,把40几年的实验日记全部装订成册,赠送给了皇家学院。

1857年英国皇家学会会长班特利勋爵辞职，皇家学会学术委员会一致认为，如果能请德高望重的法拉第教授出来继任会长,那是再理想不过的了。学术委员会派法拉第的好友丁铎尔和几名代表劝说法拉第接受这个职位，因为这是一个英国科学家所能享受的最高荣誉。但法拉第并不追求荣誉。他从一开始踏入皇家学院的门槛就记住了戴维的一句话:“年轻人,你可知道,牛顿说过:‘科学是个很厉害的女主人,对于为她献身的人,只给予很少的报酬。’她不仅吝啬,有时候还很凶狠呢。”对这样的一位“女主人”,法拉第爱她,痴情于她。他除了献身于她,从未想到要从她那里得到什么荣华富贵。他对丁铎尔说:“丁铎尔,我是个普通人,到死我都将是个普普通通的迈克尔·法拉第。现在我来告诉你吧,如果我接受皇家学会希望加在我身上的荣誉,那么我就不能保证自己的诚实和正直,连一年也保证不了。”丁铎尔和代表们失望地走了。

过了几年以后,皇家学院院长诺森伯公爵去世,学院理事会又想请法拉第出来当院长,法拉第又一次拒绝了朋友们的好意。

法拉第不喜欢荣誉,他只喜欢他的科学事业。当他已到68岁高龄的时候,他还迈着蹒跚的步子,跑到泰晤士河畔滑铁卢大桥附近的一座高塔上搞科学试验。1862年,他已71岁,但还在实验室里工作。3月12日,他写下了他的最后一条实验日记,编号为“16041”。

最后的日子终于来到了。他辞去了皇家学院的职务,住进了英国女王赠送给他终生居住的房子里。他的忠诚的妻子萨拉陪伴着他,四只苍老的手常常握在一起。他感谢她,她为他付出了终生的辛劳,她陪他度过了那些最艰难的时刻,他们的爱情像一颗燃烧的金刚石,持续不断地发出白炽无烟的耀眼光华达46年之久。他们结合的深度和力量,法拉第认为其重要性“远远超过其他事情”。法拉第度过了自己十分有意义的一生,他对人生已不再留恋,但如果说法拉第还有什么牵挂,那就是不放心萨拉:他没有给自己的妻子留下多少财产,又怕将来没有人照顾她。

另一位大科学家牛顿也是一位连荆棘冠冕都不愿戴的

人，他的万有引力定律、力学三定律，以及对光学、数学、化学的研究，为两个多世纪以来的科学发展奠定了坚实的基础。

但他为人谦虚，不修边幅，不讲吃穿，甚至他回答人说：他的发现是上帝告诉他的，上帝是借他的嘴和手告诉了世人，他从未认为是自己发现而显得傲慢了不起。他自己写的一首诗表达了他的心态：

“世俗的冠冕啊，我鄙视它如同脚下的尘土，

它是沉重的，而最佳也只是一场空虚；

可是现在我愉快地欢迎一顶荆棘冠冕，

尽管刺得人痛，但味道主要是甜；

我看见光荣之冠在我的面前呈现，

它充满着幸福，永恒无边。”

他又思索起来：如今，我怎么会害怕起“荆棘冠冕”而去追逐“世俗的冠冕”了呢？我首先而且主要应是一个科学家。我应该戴着“荆棘冠冕”，一直走到生命的尽头。

晚年的牛顿终于又回到科学的轨道上来。1727年3月初，他拖着衰弱的病体还去参加了皇家学会的例会。

1727年3月20日，在他肯吉敦家里的病榻上，牛顿病逝了。他留给世界的最后一段话是：

“我不知道世人怎样看我。但我自以为我不过像一个在海边玩耍的孩子，不时为发现比寻常更为美丽的一块卵石或一片贝壳而沾沾自喜，而对于展现在我们面前的浩瀚的真理海洋，却全然没有发现……如果说我所见的比笛卡尔多一点，那正是因为我是站在巨人肩膀上的缘故。”

淡泊名利粗衣素食也潇洒

我们想要活得潇洒自在,要想过得幸福快乐,就必须做到:淡泊权力地位,视其轻如鸿毛。未做官,不去用金钱买官,不去溜须拍马仰人鼻息要官,不去昧着良心陷害他人换官;当上官,不去盘算着如何玩弄权术,不去千方百计夺取更高的官位,不去挖空心思谋求更大的权力。否则,太看重权力地位,太沉湎于职位级别,让一番番尔虞我诈的争夺毁掉宝贵的一生,就有点得不偿失了。学会以淡泊之心看待权力地位,乃是免遭厄运和痛苦的良方,也是得到人生幸福和快乐的智慧所在。

帮助汉高祖打天下的张良,功盖天下。他辅佐刘邦,建立汉朝,成为开国元勋、汉初三杰,刘邦封他为留侯,实在是功有应得。刘邦本人及其父亲、妻子、儿女,都非常感激、非常器重张良,对他委以重任,赐以重金,以表谢忱。作为刘邦在楚汉之战的一位出类拔萃的军师和功高盖世的谋臣张良,倘若有论功行赏、封妻荫子的念头,乐于接受刘邦的封赏,自然也是人之常情,丝毫不为过。然而,张良却淡薄权势,把权力地位看得轻如鸿毛,不愿接受重任,不肯多掌权力。如此豁达淡泊,可谓明哲智慧,善保其身之举。与刘邦在楚汉之战中的另一位功臣和杰出将领韩信自请封为齐王之举相比,真是不知要精明、智慧多少倍。韩信被诛,祸患起于自请封为齐王这件事。张良赢得了刘邦的恩宠,也赢得了刘邦夫人、父子的青睐,固然与其赫赫功劳分不开,但又何尝与其淡薄权力地位分得开呢？没有什么东西像淡泊无争的美德这么可爱，也没有什么东西像争权夺利的丑行这么可憎。幸福与快乐来源于淡泊无争的美德，痛苦与祸患则来源于争权夺利的贪婪，这种明晰的哲理曾使许多伟大人物、英雄豪杰避免卷入复杂残酷的权力斗争旋涡，使他们超然物外，全身远祸。

享受生活是一辈子的事，不能今朝有酒今朝醉，那些只顾眼前，不顾长远的人，才肯一门心思去争名夺利呢！就像《红楼梦》中“好了歌”唱的那样，“世人都说神仙好，唯有金银忘不了，终生只恨聚无多，待到多时眼闭了”。

唯有低调做人，才能幸福一生。

4.在社会上低调:须知爬得高跌得重

社会有时也像武侠小说中的江湖，既充满情义也充满险恶，在其中生活稍有不慎就会折戟沉沙。当一个人在社会上取得了一定的名利后，不妨为自己多敲敲警钟，自己的言行是否符合大众基调，掂量掂量自己的能力和身份是否相符。如果反差过大，你一定要谨言慎行，须知爬得高跌得重决不是一句戏言。

莫为利欲之争而舍弃一切

自古仕途多诡谲，所以古人以为身在官场的纷争中，要

有时刻淡化利欲的心理。利欲之心人皆有之,这当然是正常的,问题是要能进行自控,不要把利欲看得太重,到了接近极限的时候,要能把握分寸,跳得出这个圈子,不为利欲之争而舍弃一切。

怎样才能淡化自己的欲望呢?"仕途虽纷华,要常思泉下的光景,则利欲之心自淡"。常以世事世物自愉自悦则可贯通得失,"常疑好事皆虚事,方信闲人是福人。"

中国有一句俗话叫"知足常乐"。佛教的理想是"少欲知足"。孟子有一句话叫"养心莫善于寡欲",他还说:"其为人也寡欲,虽不存焉者寡矣;其为人也多欲,虽有存焉者寡矣。"欲少则仁心存,欲多则仁心亡,说明了欲与仁之间的关系。

人生在世,除了生存的欲望以外,人还有各种各样的欲望,自我实现就是其中之一。欲望在一定程度上是促进社会发展的动力,可是,欲望是无止境的,欲望太强烈,就会造成痛苦和不幸,这种例子不胜枚举。因此,人应该尽力克制自己过高的欲望,培养清心寡欲、知足常乐的生活态度。

《菜根谭》中说:"爵位不宜太盛,太盛则危;能事不宜尽华,尽华则衰;行谊不宜过高,过高则谤兴而毁灭。"意即官爵不必达到登峰造极的地步,否则就容易陷入危险的境地;自己得意之事也不可过度,否则就会转为衰颓;言行不要过于高洁,否则就会招来诽谤或攻击。

这是一种做人美德和处世智慧。孔子曾说过"过犹不及",即是儒家的"中庸"。"人生太闲,则别念穷生;太忙,则真性不现。故士君子不可不报身心之忧,亦不可不耽风月之趣。”

同理,在追求快乐的时候,也不要忘记“乐极生悲”这句话,适可而止才能掌握真正的快乐。大凡美味佳肴吃多了就如同吃药一样,只要吃一半就够了;令人愉快的事追求太过就成为败身丧德的媒介,能够控制一半才是恰到好处。

“宾朋云集,剧饮淋漓乐矣,俄尔漏尽烛残,香消茗冷,不觉反而呕咽,令人索然无味。天下事率类此,奈何不早回头也。”痛饮狂欢固然快乐,但是等到曲终人散,夜深烛残的时候,面对杯盘狼藉必然会兴尽悲来,感到人生索然无味。天下事大多如此,为什么不及早醒悟呢?

所谓“花看半开,酒饮微醉,此中大有佳趣。若至烂漫酕醄,便成恶境矣。履盈满者,宜思之。”意即赏花的最佳时刻是含苞待放之时,喝酒则是在半醉时的感觉最佳,凡事只达七八分处才有佳趣产生。人生又何尝不是如此呢?

禹作敏作为当年中华第一村大邱庄的村长,有他艰辛的奋斗历程,使大邱庄从最贫穷的村变成了拥有4个集团公司、几十亿资产的富裕村,禹作敏作为村支部书记、创业的带头人,享受一定的待遇兼任相应的职务是理所当然的。但他太不知收敛了,坐着奔驰600专在高干前炫耀,甚至外国的访问团到庄外,都要改换大邱庄的车队进庄。

作为农民出身的禹作敏本来不习惯系皮带,但他为了在社会上显示自己的身份,系的是价值2万元的纯真鳄鱼皮带,吸香烟时要由小姐点燃,送到他的嘴里。

一次到北京开会，休会的闲暇时间，他带人到商场转悠，摸着一个高级写字台向服务人员问价钱，服务人员见他一脸的农民相便带有蔑视的神情说，“告诉你也买不起，二万多元。”为了显示自己的身份，他买下了写字台，却扔在了地窖里。

禹作敏常常为了显示社会地位，前庭摆着豪华宴席，而自己躲在后庭吃大葱蘸大酱，不是他舍不得，是他吃不惯那些山珍海味，不但在生活上他显示张扬，在外也与人叫劲，最后大邱庄内出了命案，禹作敏终于落得个被判处20年徒刑的下场，从不可一世的显赫位置上一下子跌了下来。

降低入世基调

古人说：“惟彼愚人，招权不已，炙手可热，其门如市，生杀予夺，颐指气使，万夫胁息，不敢仰视，苍头庐儿，虎儿加翅，一朝祸发，迅雷不及掩耳。”

汉武帝时，霍去病、霍光兄弟担任大将军，成了朝廷中得势的大臣。武帝死后，霍光执掌大权多年，辅佐汉昭帝，拥立汉宣帝，成为几朝重臣。朝廷上下，人人对他敬畏三分。

汉宣帝登基后，为了报答霍光拥立自己做皇帝的大恩大德，竟然放手让霍光一人执掌朝政，并赐给霍光家族许多特权，从而打开了霍光骄奢的口子。霍光一家骄横奢侈，不可一世，茂凌人徐福曾经指出：“霍氏必亡。凡奢侈无度，必然傲慢不逊；傲慢不逊，必然冒犯主上；冒犯主上就是大逆不道。身居高位的人，必然会受到别人的嫉恨，霍氏一家长期把持朝政，遭到很多人的嫉恨；众人嫉恨，又做出大逆不道之事，怎么可能不灭亡呢？”徐福对霍氏的提醒和警告，说的再清楚不过了，身居高位者，权势这样大，又好揽权弄权，就必然排斥异己，一切活动都是为了自己的权力，这样就会深受同僚及下属的嫉恨，何况又独揽朝政，傲慢侮上？所以霍氏必亡。后来，霍光病故，汉宣帝才亲自执政。这时霍家的人不甘心交出大权，霍光的妻子和儿子们密谋策划，妄图废掉皇帝，重温朝政完全由霍家执掌的美梦。因阴谋败露，终至霍氏全族被杀。

得意不可忘形，暂时还没有碰壁的“得意”者，是不是应该调整调整自己的处世姿态了呢？这显然是一个忠告。

5.在姿态上低调：谦卑处世人常在

一副高高在上的姿态，一副得意忘形的面孔，一副颐指气使的神情，一副专横跋扈的气势……这样的形象似乎在每个人的生活中都曾出现过。想来大家都有同感：他们是那样的令人嫌恶、令人轻蔑和令人唾弃！他们为什么会在我们的心理上引起那么深刻的鄙夷之情和厌恶之感呢？就是因为他们在姿态上失去了低调做人的本色。以这种傲慢的姿态处世，迟早会淹没在众人的唾沫星子里！

学会以谦卑的姿态示人

社会的门楣有高有低，只有以谦卑的姿态行走其间，才能顺利通过所有的门庭。

羊祜出身于官宦世家，是东汉蔡邕的外孙，晋景帝司马师的献皇后的同母弟。但他为人清廉谦恭，毫无官宦人家奢侈骄横的恶习。

他年轻时曾被荐举为上计吏，州官四次征辟他为从事、秀才，五府也请他做官，他都谢绝。有人把他比作孔子最喜欢的学生、谦恭好学的颜回。曹爽专权时，曾辟用他和王沈。王沈兴高采烈地劝他一起应命就职。羊祜却淡淡地回答："委身侍奉别人，谈何容易！"后来曹爽被诛，王沈因为是他的属官而免职。王沈对羊祜说："我应该常常记住你以前说的话。"羊祜听了，并不夸耀自己有先见之明，说："'这不是预先能想到的。"

晋武帝司马炎称帝后，因为羊祜有辅助之功，被进号中军将军，加官散骑常侍，封为郡公，食邑三千户。但他坚持辞让，于是由原爵晋升为侯，其间设置郎中令，备设九官之职。他对于王佑、贾充、裴秀等前朝有名望的大臣，总是十分谦让，不敢居其上。

后来因为他都督荆州诸军事等功劳，加官到车骑将军，地位与三公相同。他上表坚决推辞，说："我入仕才十几年，就占据显要的位置，因此日日夜夜为自己的高位战战兢兢，把荣华当作忧患。我身为外戚，事事都碰到好运，应该警诫受到过分的宠爱,而不怕被遗弃。但陛下屡屡降下诏书,给我太多的荣耀,使我怎么能承受?怎么能心安?现在有不少才德之士,如光禄大夫李熹高风亮节,鲁艺洁身寡欲,李胤清正朴素,都没有幸运获得高位,而我无能无德,地位却超过他们,这怎么能平息天下人的怨望呢?因此乞望皇上收回成命!"但是皇帝没有同意。

晋武帝咸宁三年,皇帝又封羊祜为南城侯,羊祜坚辞不受。羊祜每次晋升,常常辞让,态度恳切,反因此名声远播,朝野人士都对他推崇备至,以至认为应居宰相的高位。晋武帝当时正想兼并东吴,要倚仗羊祜承担平定江南的大任,所以此事被搁置下来。羊祜历职二朝,掌握机要大权,政治上的大事都要向他咨询;而他本人对于权势却从不钻营。他筹划的良计妙策和议论的稿子,过后都焚毁,所以世上人不知道其中的内容。凡是他所推荐而晋升的人,他从不张扬,被推荐者不知道是羊祜荐举的。有人认为羊祜过于缜密了,他说:"这是什么话啊!古人的训诫:入朝与君王促膝谈心,出朝则佯称不知——这我还恐怕做不到呢!不能举贤任能,哪会不有愧于知人之难啊!况且在朝廷签署任命,官员到私门拜谢,这是我所不取的。"

羊祜平时清廉俭朴,衣被都用素布,得到的俸禄全拿来周济族人,或者赏赐给军士,家无余财。临终留下遗言,不让把南城侯印放进棺柩。他的外甥齐王司马攸上表陈述羊祜妻不愿按侯爵级别殓羊祜的想法,晋武帝便下诏说:"羊祜一向谦让,志不可夺。身虽死,谦让的美德却仍然存在,遗操更加感人。这就是古代的伯夷、叔齐之所以被称为贤人，廷陵季子之所以保全名节的原因啊！现在我允许恢复原来的封爵，用以表彰他的高尚美德。”

羊祜是成功的，上至一国之主，下至黎民百姓，都对他表示敬佩。羊祜的参佐们赞扬他德高而卑谦，位尊而端恭。

可以得意但绝不忘形

踌躇满志、春风得意是人人都向往的人生境界。但得意者绝对不能忘形。对自己的言行举止、姿态形象一定要有清醒的认识，要时不时地回头看看自己的尾巴是夹在裆下，还是翘到了天上？一旦露出失态的尾巴就很有可能被别人抓住，到那时可能连“落水狗”的命运都不如。

在20世纪60年代的小学课本上，选有《狮子和蚊子》这样一篇寓言，讲的是狮子与蚊子间的一场大战，按能力说蚊子与狮子无法比拟，但在实战中蚊子却胜利了。因为狮子捕不到它，它却在狮子的眼睛上、耳朵上叮的都是“包”，使狮子有力使不上，最后倒把自己抓得头破血流，只得认输，蚊子有了战胜狮子的辉煌战绩，的确风光。于是它得意忘形了，吹着得胜的喇叭到处炫耀，最后一不小心，撞到了蜘蛛网上，成了蜘蛛的美餐，这里叙述的是动物，实则讲的是人的行为。

得意忘形而使自己身败名裂的人物不只现在，古代也有许多的例证。

三国时期，蜀国的大将魏延就有一定的典型性，在蜀国的全盛时期,魏延也算是一员猛将,但在“五虎将”面前还算不了什么,在经过东征西伐之后,“五虎将”相继死去的时候,魏延就成了无人能敌的战将,他也由此有了值得骄傲的资本。此间他不但被封为南郑侯,还被称为征西大将军。但魏延并不像诸葛亮那样为蜀国大业鞠躬尽瘁和竭尽忠诚,而是想自图霸业,因为他此时的心态已膨胀得不能自控,仿佛觉得他已经是天下第一高人,无人能与其匹敌了,于是他得意忘形起来。

《三国演义》是这样描写他的:

当长史杨仪斥责他说:“反贼魏延!丞相不曾亏你,今日如何背反?”延横刀勒马而言曰:“伯约,不干你事。只教杨仪来!”仪在门旗影里,拆开锦囊视之,如此如此。仪大喜,轻骑而出,立马阵前,手指魏延而笑曰:“丞相在日,知汝久后必反,教我提备,今果应其言。汝敢在马上连叫三声‘谁敢杀我’,便是真大丈夫,吾就献汉中城池与汝。”延大笑曰:“杨仪匹夫听着!若孔明在日,吾尚惧他三分;他今已亡,天下谁敢敌我?休道连叫三声,便叫三万声,亦有何难!”遂提刀按辔,于马上大叫曰:“谁敢杀我?”一声未毕,脑后一人厉声而应曰:“吾敢杀汝!”手起刀落,斩魏延于马下。众皆骇然。斩魏延者,乃马岱也。原来孔明临终之时,授马岱以密计,只待魏延喊叫时,便出其不意斩之;当日,杨仪读罢锦囊计策,已知伏下马岱在彼,故依计而行,果然杀了魏延。

可怜魏延,本来他的黄金时期已经到来了,却不能很好地把握自己,他与后来的清朝重臣年羹尧一样,虽东征西讨

为国家出了大力,但后来辛劳功勋一笔抹煞,还得了个反叛的恶名,岂不可悲可叹!

可见一个人如果不能很好地把握住处世的姿态，就会断送自己长期以来博得的好名声，甚而落得个遗臭万年的下场。

第八章
低调做人是最沉稳的中庸平和艺术

中庸哲学提倡做人既不锋芒毕露，也不卑微猥琐，关键是在上与下、高与低、强与弱、显与藏、进与退之间选择一种适当的、中和的处世之道，并贯彻实践到具体的人生过程当中去。

1.不要拽着自己的头发离开地球

再出类拔萃的人也都起于普通的大众之中，离开大众的出类拔萃是不存在的，正如巨神泰坦离开大地便毫无力量可言。拽着自己的头发离开地球，不止是一种可笑的妄想，也更是一种十足的危险。尤其是那些生活中的佼佼者们更应以此为戒。

水满则溢，过犹不及

日本一位著名的管理学家讲过年轻时谒见高僧时的情形——在走廊上行走要低头，进禅房要低头，高僧面前正坐要低头，三次低头之后，神秘感也会随之产生。可见神秘感并非事物本身所原有的，而是人为的原因，促使人变成"神"。大多数领导者在群众眼中的神秘感大抵是这样产生的。而领导者的沉默、冷峻、威严，深居简出，则加强了这种神秘感。文化层次越低这种感觉就越强烈。因为不了解，出于好奇，就会凭借自己仅知道的一点信息，猜想着生活中领导者或是领袖人物的喜怒哀乐。法国前总统戴高乐说："我发现在别人心目中，有一个叫戴高乐的人，这个人实际上是我以外的人……一个比夏尔·戴高乐真人高大的人物。我知道我必须考虑这个人。考虑这个戴高乐将军，我简直成了他的俘虏。”戴高乐将军所反映的现象是真实的,在现实生活中确实存在。领导者在庆幸自己在群众心中占着重要一席地位的同时,也应看到这些现象透露出的危机:自己正在不断偏离群众,脱离群众,正在超脱于生长的土壤,将自己连根拔起,所以还群众一个有血有肉、平易近人的领导者形象非常重要。

走出办公室,去发现问题,主动找下属商量工作,并不会降低领导者身份;放下矜持,摒弃冷漠,与下属开句得体的玩笑,在群众中所具有的威信也不会随之而减少。领导者在群众心中的地位,并非仅依靠那种超凡脱俗的形象来维系。应该用真挚的情感面对热心的群众,展示出真实的自我。

领导者如果高高在上,游离于目标之外,也就断绝了决策赖以形成的各种第一手资料,将造成因沟通不畅产生的隔阂,进而影响总体效益、个人形象及人际关系。

有这样一个案例:辽宁A市,有一家汽车修理部,规模挺大,可承接各式汽车的中型维修,老板叫朱伟。附近还有他同族人开的洗浴中心和火锅城。当初朱伟夫妇俩是从河南背着个小行李卷来A市落脚的,妻子为人轧制沙发套,丈夫在一家汽车修理部当小工,住在租来的一间平房里,生活是很艰难的。不久他的父亲又从河南老家给他们送来了他们的一对儿女,使他们的生活更加艰难。好心的邻居们都经常帮助他们,对老户欺负他们子女的孩子都严格管教。为此,朱伟夫妇对他们租住的左右邻舍也都非常感激,有的邻居请他们轧个沙发套什么的,他们有时也不收钱。

经过几年的奋斗，他们的生活有了很大改变，他们改租了邻近路边的几间较大的房子。朱伟已经可以自己为人修车了，且生意很好。接着朱伟买下了所租的房子，自己经营上了汽车修理部。老家的两个弟弟和侄子，也过来帮忙，朱伟开始赚钱了，朋友也多了，路也宽了，和当地的派出所关系也很密切，于是朱伟也长脾气了，他的儿子还时不时欺负邻居的孩子。因为家里有钱，他儿子也善交际，在当地还“立了棍”，无人敢惹。朱伟经常与工商、电业、公安和社会上结交的一些朋友出入饭店、桑拿、歌城，已经不与邻居谈话了。

一次，因朱伟用车运来许多大大小小的旧汽车轮胎堆在房间的周围。过往的人很不方便，几家邻居找到朱伟让他往边上重新堆一堆。朱伟便打电话找来十几个人推搡这些邻居，最后竟将一个邻居踹倒在轮胎上；这个邻居的儿子知道此事后，找到朱伟打了他一拳，朱伟便到医院花了600多元看病并找来派出所干警，让邻居报销还罚了200元钱。朱伟经常换姘头，也因此与原来的妻子经常吵架。他买了轿车，经营了桑拿洗浴中心、火锅城，吵得附近的居民半夜也睡不成觉，只好忍气吞声。

2001年7月，朱伟的妻子与儿女回老家探亲。一天夜里11点多钟，朱伟从外面与朋友玩麻将回来，他将轿车停到门前，刚一下车，就上来三四个人猛地将他打倒，抢走了手机和身上的钱。在撕扯当中朱伟死死抓住其中的一个人不放，那个人掏出刀子狠狠地刺向他的肋部，随后几个人逃走了。抢劫的过程，有的邻居已经从屋中听到了，但无人走出来干涉。后半夜以后朱伟的弟弟与人从火锅城出来的时候，才发现哥哥已经死在车前。后经法医鉴定，刀子并未伤及要害，朱伟是因流血过多而死。如果有人及时救护，只要将刀口捂住送到医院就没有生命危险了，可惜无人出面，只是看笑话。朱伟从河南到辽宁打工创业，辛辛苦苦十几年，最后却因趾高气扬而客死他乡。

抬高自己就是孤立自己

有的人在事业上得了意、出了名，就不愿意与比他低的人来往，以为自己不是凡人了。这是自己在孤立自己。

杨永泰是民国初年、蒋介石时代一颗耀目的政治明星，被称为是在陈布雷之前的蒋介石首席智囊。由于杨永泰才华出众，锋芒毕露，绝对忠实于蒋介石，得罪了国民党内其他各个重要派系，引起国民党内部的倾轧，最终遭到中统、军统的联手暗杀。这从反面说明了不能韬光养晦、隐匿才智的致命后果。

在长期的国内政治风波中，杨永泰以其卓越的才华，纵横捭阖，左右逢源，取得了相当大的政治成果，而且他个人也成为官场上的风云人物。年轻气盛，思想敏锐，识得大体，且与革命党孙中山势力、北洋军阀势力及国内各派都有广泛的联系，因此也在国内政坛站稳了脚跟。

1928年经黄郛介绍，蒋介石破格起用他。虽然杨永泰既非黄埔军校毕业，又非浙江同乡，而且对打下蒋家王朝几乎没有任何功劳。

然而，蒋介石自以为遇杨永泰，乃如当年刘玄德得孔明，便以三顾茅庐的劲头，亲加催促劝慰，终于使杨永泰就任幕僚长之职。蒋介石初以宾师之礼待之，事无巨细，必商之而后行，言听计从，一时左右无人可比。两人常彻夜长谈，毫无倦意。

此后，在蒋家王朝中逐渐形成以杨永泰、张群、熊式辉等人为核心的政治派系，人称新政学系。杨永泰从此也开始进入政治生涯权倾一时的巅峰期。

1930年4月，孕育已久的中国历史上最大的一次军阀混战——中原大战爆发。杨永泰作为蒋介石的重要谋臣，运筹帷幄，对蒋介石最终取胜起了很大的作用。

从1931年开始，国民党先后发动三次大规模军事“围剿”，均被红军粉碎。蒋介石焦虑万分，常夜不安眠，绕室徘徊，杨永泰睡于外室，闻蒋起身便进去陪伴，两人绞尽脑汁，磋商策划，共度愁夜。

杨永泰认真研究了根据地发展的历史，向蒋介石提出了“三分军事、七分政治”的“剿匪”方针，被蒋所采纳。

由于中国共产党内“左”倾冒险主义占了统治地位，实行错误的战略方针，结果红军被迫撤出根据地，开始了战略大转移。

国民党占领中央革命根据地后，大肆宣扬“剿匪”的胜利。杨永泰向蒋介石指出，红军虽已元气大伤，但中国的外患已是日益严重。日本自“九一八”事变占领东北，已蚕食华北，并有灭亡中国的野心。一旦中日战争爆发，“天府之国”

四川必为陪都和大后方，而四川一直是地方军队割据称雄，表面服从中央，实似独立王国，所以应撤销南昌行营，改设重庆行营，指挥“追剿军”，借“追剿”红军以使国民党中央军进入四川。

蒋介石采纳了这一建议。当红军进入川黔，川军告急时，杨永泰与刘湘协议，组织督军团，使国民党中央军势力开始深入四川，并于1935年设立重庆行营，让刘湘主持四川军政事务。蒋介石在前方围追堵截红军，杨永泰以秘书长身份坐镇行营，协助刘湘整理地方事务，迅速控制了四川的局势。

杨永泰任行营秘书长期间，权倾朝野，炫赫一时，高朋满座，宾客盈门。所有国民党重要军政文电，都须经杨先行过目，然后呈蒋；军政要人来南昌见蒋，也须经杨永泰批准安排。杨永泰既然红得有些发紫，便不能不引起蒋家王朝其他要人显贵，特别是以“家里人”自居的CC派的极大妒嫉。

1932年夏，南昌飞机场发生大火，烧毁机场和飞机多架。行营调查科科长邓文仪秉承CC派旨意，调查后宣布系因事故造成。杨永泰对这一结论十分怀疑，与戴笠联合再度进行秘密侦破，查出系一场重大纵火案，主犯为航空署长徐培根。徐盗用公款，套购黄金，亏空无法弥补，遂放火烧机场以销毁账目。徐培根伏法，邓文仪被撤销所有职务，CC派怒不可遏，纠集不满于杨永泰的所有势力，群起而攻之。

1936年10月25日，杨永泰赴日本驻汉口领事馆宴会，午后在汉口江汉关省政府专用轮渡码头准备返回武昌时，蹿出一个刺客,向其连开数枪,随后向附近花楼小巷狂逃。因击中要害,杨永泰当场气息奄奄,左右询其遗嘱,杨永泰说:“吾早知有今日,身已许国,为国而死,夫复何恨?所可惜者,有志未逮,国祸方长耳。”言毕死去,时年51岁。

解放后,原国民党两湖监察使高一涵和军统原云南站站长沈醉,先后披露了杨永泰被刺真相。原来杨被刺,是陈立夫中统特务组织勾结军统所为,这是杨永泰随着位高权重,又不断使自己处于孤立处境的必然结局。

所以,精明人做事,不可把事情做满做绝,否则,自己便会失去回旋的余地。

孔子在鲁桓公的庙里参观,看见一种倾斜而不易放平的容器,就向守庙人询问道:”这是什么容器?”守庙人说“这大概是人君放在座位右边的一种器具。”孔子说:“我听说这种器具,空着的时候倾斜,装进一半水就正立着,灌满了就翻倒了。”孔子回头对学生说:“灌水吧!”学生就舀水灌进容器里面,水灌到一半,容器就正立着,注满水就翻倒了,空着的时候就倾斜。孔了喟然长叹:“唉,哪有满了不翻倒的呢?”子路问道:“请问保持富贵的地位,如同保持水满而不翻一样,有什么办法呢?”孔子说:“自己聪明智慧要保持愚笨的样子,功劳盖天下,要保持谦让的样子,即使勇敢而力气盖世,也要保持怯弱的样子;财富拥有全天下,要保持谦让再谦让的样子。”这就极形象地说明了“物极必反”的中庸道理。而我们所说的低调做人,其实就是孔子所倡导的中庸的“样子”。

2.别拿自己不当普通人

有道是"王侯将相宁有种乎?"权势钱财没有一样不是身外之物，因为这些东西既可以得到，也可以失去。跟别人一样的只有赤条条地来,赤条条地去。这样说来,哪怕你权势通天、腰缠万贯,说到底你也是普通人一个。那么,永远把自己当成普通人对每个人来说都是理所当然的事情。

圣人无名

人生在世,生来平等。造物主并没有让谁光彩照人,名气压人;也没有让谁低三下四,可怜巴巴。成功了,做出了大事业,有了大名声,还是人;没有做出大事业,默默无闻,也依然是造物主的可爱儿女。这样看来,追求名声常常使有些人失去人的天然美好的本性,将纯洁变成芜杂,把天然扭曲为造作,名声的坏处因此就显而易见了。品格修养极好的人就是能不把名当一回事，恢复人生来那种自然、单纯的状态。这就是圣人无名。

能做到无己、无功、无名,心灵无所困扰,行为悠然自在,人活着也就真正实现自由逍遥了。

按照这个道理，庄子认为宋荣子这个人差不多就是这样一位至人无己、神人无功、圣人无名的人。

当全社会都称赞他时，他既不沾沾自喜，也不欢欣鼓舞;当众人一致责难时,他也不慌张、不沮丧。

对那些有才能胜任一定官职，做事能给老百姓带来好处,甚至有的还可以当一国之君,并取得老百姓信任,但又自视甚高、扬扬得意的人,宋荣子很看不起。

他认为这样的人像小鷃雀一样无知。

但庄子认为像宋荣子这样还不够。他——宋荣子还只明白什么是我需要的,什么是身外之物,还只清楚地辨别了关于光荣和耻辱的界限,如此而已。宋荣子这个人还是有一个大毛病:瞎操心,管闲事。还没有达到逍遥自在的境界。这里庄子谈宋荣子的情况，道理说得有点玄。人是人的世界,人生世上怎么能不为旁人的事有所思,有所想,有所评价呢?

这是一个方面。但为了保持自己平静、自然的心态,有时人们也确实需要一种无己、无功、无名的心态。庄子这样说,从一方面看,肯定很有道理。因为对身外的名声、事件、功利的关注，都是从一己进入开始的，这当然有私欲在其中。

把庄子这种至人无己、神人无功、圣人无名的人生境界,放到我们现实的人生拼搏中,深刻的道理不说,在为人立身上,实在是一种知进知退、达观透彻的处世艺术。

丹麦的政治平民化和公民平等化即使在欧洲也是突出

的。这里的官员没有我们一些官员常见的特权和优越感。当地华人介绍,无论多高的官员,家中也无用人,包括削土豆皮、做饭这样的活都是自己干。哥本哈根是欧洲有名的自行车城,大街的专用自行车道上,骑车的人们络绎不绝。令人吃惊的是,政府的部长们也是骑自行车上下班。他们头上戴着针织帽,手上戴着厚手套,车筐里放着文件包。国会大厦、最高法院和中央政府的门外,都停放着一大片自行车,不怎么像森严的国家机关,倒像我们国内的一所中学。据丹麦人介绍,在国家机关,不管是一般公务员还是高级领导,都是没有公车坐。丹麦官员的平民化确实让人叹为观止。何以如此?首先,在这里的各级官员都是选举产生,谁当镇长,本镇的百姓选举,依此类推。你如摆谱做老爷,马上就得下台。

好摆官架的人不妨学学丹麦的官员做派。

大者无形

特别是对那些有大名利、高地位的人来说,越是把自己作为普通人来处世,其影响就越不普通,俗话说:“大者无形”“大有若无”。真正的伟大往往弥漫于普通之中,是无边无界,看不见摸不着的。

海瑞做了朝廷的督抚大员,官大名声大,他的家乡一带有人假借他的名义放债买田。海瑞听到这个消息后,立即给琼州府写了一封长信。信上说:“我自从出来做事,一直没有回过海南。我自己的薪俸刚刚够维持自家人的生活,并没有一文多余钱可以用来放债买田。我老家只有祖上留下的10

多亩薄田，每年收获 1 石 2 斗左右的粮食，这些年来并没有增加一亩一分。今后，凡是有打着我的旗号放债买田的人，一律作为冒名处理，请您严加惩处，不必留情，并请您把此事转告海南各州县。”

海瑞的应天巡抚仅仅做了八九个月的时间，就为当时的朝廷和地方的权贵们所不容，不得不去职还乡。

万历十二年，明神宗朱翊钧决心再次起用海瑞，他任命海瑞为南京吏部右侍郎。这一年，海瑞已经是年过古稀的老人了。过了 16 年清苦的闲居生活后再度出任高官，他的俭朴之风有增无减。这位新上任的南京吏部长官穿着破旧的衣裳，坐着一只小船，既没随从，更无仪仗，沿途几千里，走了几个月，竟没有一个地方官员知道他是谁。一到南京上任，和他当年初任南平县学教谕时一样，第一件事情就是张贴告示，禁止吏部和各衙门的任何官吏向他送礼，并把已经送来的礼金礼物退还原主。然后，着手革除衙门中的种种积弊。两年后，万历十五年的 10 月，刚刚升任南京都察院右都御史的海瑞病死在任上，这年，他已整整 64 岁。临去世的前 3 天，衙门里派人给他送去的柴火银子多出了 6 钱，他还专门让人如数退还。弥留之际，他也没有向身边的人交代过一句私人的事情。

海瑞死后，由于没有直系亲属在身边，丧事都由南京都御史王用汲负责料理。王用汲带着御史们整理海瑞的遗物时，发现他的私人财产只有俸银 10 多两，做官服、被褥用的绸缎两匹、麻布一匹。这点财产连当时一般的穷书生都不

如。看到这位坎坷一生、多灾多难的宦海老人如此清寒，王用汲忍不住哭出声来，在场的御史们没有一个不伤心下泪的。大家商议了一下，每人凑了一些钱，才为海瑞办了丧事

海瑞的丧事虽然办得不豪华，但隆重的场面却是任何一个封建官吏去世都比不上的。举丧的那天，南京城里所有的店铺都关了门，大街小巷搭满了市民们自动聚集起来祭奠的灵棚，悲痛的声音笼罩着整个南京城。当载运遗体的灵船过江时，长江两岸穿着白衣赶来送行的队伍竟连绵100余里。做为封建历史人物，海瑞至今还被我们许多人所熟知，正说明他的影响之深。

不要自己看高自己，别拿自己不当普通人。

1958年7月12日，刘少奇同志结束了在天津的视察，准备乘车去济南。按照规定，国家领导人出行都要组织专列，至少要加挂包车。可刘少奇坚决不同意保卫人员和铁路部门的安排，他说："我不坐专列，也不要挂包车，买一个硬席座位就行了，和群众坐在一起还可以顺便了解情况。"同志们只好为他买了普通列车的硬席客票。

当天傍晚，随着一声汽笛长鸣，通往济南的客车缓缓开出了天津站。夏日的车厢像个大蒸笼，又闷又热，还夹杂着刺鼻的汗味。旅客们无论如何也想不到，在这炎炎夏夜，在这普通的硬席车厢里，会坐着党和国家的领导人——刘少奇。

这时，一位女列车员提着水壶为旅客送水来了，她走到车厢的中间，发现一位穿着白衬衣和灰布裤子、头发花白的

旅客,正忙着从旅行包里取杯子,女列车员忙接过杯子,热情地说:“同志,我这儿有开水。”说着,她倒了一杯水,小心地递给了那位年长的旅客。突然,她的目光停在了刘少奇的脸上,这是一张多么熟悉而又亲切的面庞啊!她惊喜地喊了起来:“您,您不是刘委员长吗?”

刘少奇笑着同列车员握手说:“你好!你辛苦了!我搭你们的车,到济南去。”这一下,整个车厢都沸腾了。兴奋万分的旅客们“忽”地围了上来,纷纷向刘少奇握手问候。一群中学生围上来,刘少奇十分高兴地与他们谈了起来,问他们家在哪儿?学习怎样?毕业后打算干什么?听了同学们五花八门的理想,刘少奇笑着说:“你们正当年轻,要做一个好学生,好青年。要开展勤工俭学活动,经常参加劳动,比如,农忙时到农村帮助社员收割、插秧。你们会不会插秧?喏,就这样……”说着,他站起身来,弯下腰给同学们做起了插秧的示范动作。车厢里充满了欢笑声。

夜深了,刘少奇忘记了疲劳,又和江西省都昌县农业考察团的同志们愉快地谈了起来,了解情况。团员们见刘少奇那么平易近人,就敞开胸怀,表示要把学习到的好经验带回去,克服困难,大搞技术革新,改造旧的农机具。刘少奇鼓励大家说:“对,你们不要怕困难,有了困难就要克服,不会就学。”“农业就不能单独搞一门,要多种多样地全面发展。”

列车过村越河,在广阔的原野上奔驰,欢声笑语也一路飞扬,洒向静静的夜空。夜里1点30分,列车缓缓驶进了济南车站。刘少奇站起身来,笑着对大家说:“好吧,我到站了,你们可以休息了。再见!”

旅客们怀着一一惜别的心情,把刘少奇送下了车。

列车再次开动了,旅客们久久地回味着幸福的时刻,也永远地怀念着平易近人、勤政为民的少奇同志。

先贤已逝,风范长存。从先贤、伟人的身上,我们可以学习他们严于律己、克勤克俭、心系民众、平易随和的品格,更应学习他们崇高的做人境界。

3.放下自己的身段儿

你可能腰缠万贯,你可能权高位重,你可能声名显赫,你可能……但细究起来,你也不过是一个普通人而已。所以,倒不如放下身段,还自己一个普通人的本来面目。先知穆罕默德说过:一滴水的最好去处是什么地方?那就是大海。再有本事的人也不过是一滴水,大众才是那片大海。

大事堪可做,大牛不可吹

有一个很有实力的电脑业老板与一个朋友闲谈,这个朋友说:“据我观察,你的实力和影响堪称我们地区电脑业的老大。”这个老板说:“确实,无论从经济实力,社会影响,还是经营之道来讲,如果要选老大,我当之无愧,但真的选起来,没人选我。因为在表面上看,我不最大。”他说:“因为在处世上我没有那么大的表露。”

他说，当“老大”不容易，因为不论研发、行销、人员、设备，都要比别人强，为了怕被别的公司赶过去，便不断地扩充、投资；换句话说，要花很多力气来维持“老大”的地位。他说，这样太辛苦了，而且一没弄好，不但老大当不成，甚至连想当老二都不可得。这只是他个人的想法，因为并不是当“老大”就一定会很辛苦，因为就有人当得轻松愉快，因此当老大或老二或老三完全是观念问题。不过这位老板所说的却也是事实——当“老大”的，要费很多力气来维持“老大”的地位。

不只从事企业经营如此，上班拿人薪水也是如此，像主管就是该部门的“老大”，这老大为了保住他的位子，不但要好好带领手下，也要和上级长官打理好关系，以免位子不保。有功时，主管当然功劳第一，但有过时，主管当然也是首当其冲。但当副主管的就没这么多麻烦，表面上看来他不及主管风光神气，但因为上有主管遮风蔽雨，可省下很多辛苦，所以很多人宁可当副手而不愿当主管，而也有当副手时没事，一当主管就生病的，可见当“老大”的难处。

说了这么多，没有阻止人当“老大”的意思，如果谁有当“老大”的本事，也有当“老大”的兴趣和机会，那么就去当吧！但如果你自认能力有限，个性懒散，那么就算有机会，也不要去当“老大”，因为当得好则好，没当好一下子变成老三老四，不但对自己是个打击，在现实的社会里，更会造成这样的批评：“某某人不行”“某某人下台了，听说很惨”……这

些批评对你都是不利的。中国人一向扶旺不扶衰，你一从“老大”位子摔下来，落井下石的有，打落水狗的有，于是本来还可当老二的，却连要当老三老四都有问题了。经营企业也是如此，“龙头老大”的位子一旦不保，就会给人“某某公司倒了”的印象，于是兵败如山倒；力挽狂澜？恐怕没有那么容易。

所以，当“老二”的确也有其实际的地方，这也就是许多人宁当“老二”不当“老大”的原因。

其实当“老二”还有其他的好处：

——静看“老大”如何构筑、巩固、维持他的地位，他的成功与失败，都可作为你的经验和参考。

——可趁此机会培养自己的实力，以迎接当“老大”的机会(假如你有当“老大”的意愿的话)。

——因为志不在“老大”，所以就不会太急切，造成得失心太重，不会勉强自己去做所有不及的事情，反而能保全自己，也会降低失败的概率。

因此，做事或经营企业，从老二、老三或老五做起都没关系，就是先不要当“老大”；有一段童谣说：“老大屁股大，裤子穿不下”。当“老大”，麻烦真的很多。

这位电脑老板可谓是对社会对处世有认识，有体验，因此处世也较理智。但也有一些暴发户却显得很无知，平日里表现是态度傲慢，飞扬跋扈，爱以物眩人。这样的行为模式又为什么会比较普遍地发生于暴发户身上呢？

暴发户为什么会那么着意地在行动上夸耀自己“有钱”

呢？太简单了，因为他自己以前没有钱，现在一旦有了钱，他发现了鱼翅、鲍鱼和老鼠肉如此好吃；而更重要的是，自己“竟然”吃得起这些以前可望不可及的东西，自然会意气风发了。

美国一名大富豪曾有一句关于财富的经典名言。他说：“有钱的一大好处，是今后你不必再想到钱这种东西，也不必再口口声声讲钱了。”这句话很值得那些喜欢张扬的暴发户们深思。

很明显，如果你的行为像个暴发户，等于把你的“底牌”打开出来给人看，说明了你最了不起也只是个暴发户。

看在真正“已发达”的人眼中，所谓“发”也许仅是相对于此人以前的情况来说的“发”。

只有最不懂做人艺术的人，才会以暴发户行为暴露出自己斤两有限的底牌来。

暴发户换了个金劳力士表，也认为值得炫耀；那不过表示这个表已占了 “他身家的一部分”(暴发户的另一特色是“崇拜名牌”)。说到头来，暴发户为什么会趾高气扬？不过是唯恐别人不知他有钱而已；但懂做人艺术的暴发户，应知真正的有钱人是不会讲钱的。

由此可见，即使你真正“暴发”了，也切不要摆出“暴发模样”来。

放下身段更能提高身价

对于有一定身份和地位的人来说，放下身段能和大家一样平和相处,非但不失身份,反而更能引起大家对你的尊重。比如说公司的上司或老板经常骑着自行车上下班,经常与员工在一起,在员工食堂就餐,就更能使员工实心实意地追随,更愿意听老板的指挥。

帕尔梅首相在瑞典是十分受人尊敬的领导人。他虽贵为政府首相,但仍住在平民公寓里。他生活十分简朴、平易近人,与平民百姓毫无二致。帕尔梅的信条是:“我是人民的一员。”

除了正式出访或特别重要的国务活动外,帕尔梅去国内外参加会议、访问、视察和私人活动,一向很少带随行人员和保卫人员。只是在参加重要国务活动时,才乘坐防弹汽车,并有两名警察保护。有一次他去美国参加一个国际会议,人们发现他竟独自一人乘出租车去机场。1984 年 3 月,他去维也纳参加奥地利社会党代表大会,也是独自前往的。当他走入会场,没有人注意到他,直到他在插有瑞典国旗的座位上坐下来,人们才发现他,都啧啧称赞不已。

同普通群众打成一片是帕尔梅为人的重要特点。帕尔梅从家到首相府,每天都坚持步行,在这一刻钟左右的时间里,他不时同路上的行人打招呼,有时甚至与同路人闲聊几句。帕尔梅同他周围的人关系处得都很好。在工作之余,他还经常帮助别人,毫无高贵者的派头;帕尔梅一家经常到法罗岛去度假,和那里的居民建立了密切的联系,那里的人都将他看作朋友。他常常独自骑车闲逛,铡草打水,劈柴生火,帮助房东干些杂活,彼此之间亲如家人。

帕尔梅喜欢独自微服私访,去学校、商店、厂矿等地,找学生、店员、工人谈话,了解情况,听取意见,他从没首相的架子,他谈吐文雅、态度诚恳,从没有前呼后拥的威严场面,深得瑞典人民的爱戴。

帕尔梅平易近人,他同许多普通人通过信件建立了友谊。他在位时平均每年收到1.5万多封来信;其中三分之一来自国外,为此他专门雇用了4名工作人员及时拆阅、处理和答复,做到来者皆阅,来者均复。对于助手起草的回信,他要亲自过目,然后才能签发。这一切都使他的形象在人民心目中日益高大,不像许多国家的高级领导人,可望而不可及。帕尔梅首相府的大门永远向广大人民开放,永远是人民的服务处。在瑞典人民的心目中,帕尔梅是首相,又是平民,是领导人,又是兄弟,朋友,他是人们心目中的偶像。

放下身段,决不会使高贵者变得卑微,相反,倒更能增强人们的崇敬之情。这样的人把自己的生命之根深深扎在大众这块沃土之中,哪能不根深叶茂,令人敬重!

4.谦逊是伟大之本

俄国的列宾是世界著名的现实主义画家,他的代表作《伏尔加河上的纤夫》《宗教行列》《临刑前拒绝忏悔》等早已成为世界画廊的珍品,可他依然低调做人,谦虚如故。

一次，列宾收到一位文学家的来信，信上说："你以自己杰出的作品证明你是一位伟大的画家。"可列宾马上回信说："我是一个很平凡、很普通的人，你是知道的。可是你却要把我送到一个宏伟的高台上去。假如我真的爬上了高台，你看见了这么渺小的人站得那样高，也会发笑的。"

谦虚者受人嘉许

谦虚的人之所以受人喜爱，就是因为他能认识到自己的不足，同时重视别人的存在，从而时时处处尊重别人，体贴别人，很容易使人与人之间的隔膜和疑心冰消雪释。大而言之，谦虚平和之人既可善始亦可善终。

我军的高级将领许光达是1925年入党，1930年在贺龙领导的二军十七师任师长。1938年初由苏联回到了延安，先任抗大总校训练部长，后任抗大教育长。1950年5月被任命为中国人民解放军装甲兵司令员兼政治委员。中华人民共和国成立初期，中央和军委决定授予许光达大将军衔，但许光达觉得许多资历比自己深、贡献比自己大的同志才被授予上将军衔，自己受之有愧。于是许光达给中央军委和毛主席写了一份申请书，要求降为上将军衔。而结果却是他的申请非但没有被批准，并且在评衔工作会议上，毛泽东连说："不简单哪，金钱、地位和荣誉，最容易看出一个人，古来如此！"又说："五百年前，大将徐达，二度平西，智勇冠中州；五百年后，大将许光达，几番让衔，英名天下扬……"

听了毛主席的话,大家点头,相互交换了眼色,表示此言的真理性已经被充分领会和肯定。中央军委的一致意见是,不批准许光达的降衔申请,仍然授予他大将军衔。许光达迫于组织纪律接受了衔级,但最后坚持给自己降低了一级薪金待遇。

许光达将军也是战功卓著,但他更看重战友的功勋,认为自己不如别人,体现了大度谦虚的美德。

像许光达这样甘于低调面对荣誉和利益的人还有许多,他们的精神和思想为我们做人和处世带来了诸多启迪。

为了扩大红军的政治影响,宣传中国共产党的抗日主张,促进全民族统一战线的实现,1936 年 1 月下旬,毛泽东指挥红军兵分两路进行了东征和西征。在红一军团任教育科长的孙毅担任了东渡黄河部队的渡河司令。东征和西征结束后,部队在豫旺堡进行了整训。

有一次,彭德怀观看红一军团第一师组织的实弹演习。演习开始前,接军委通知,美国记者埃德加·斯诺要给大家拍电影。演习过程中,斯诺背着摄像机不停地拍摄。

演习结束后,在军团部大院,斯诺坐在板凳上和彭德怀司令员聊天。斯诺建议要为彭德怀司令员和其他几位将领拍一张合影照片。

“哎哟!斯诺先生,这个照可拍不得呀,你要是把它送给蒋介石,他准会派飞机来炸我们的!”彭德怀对斯诺开玩笑说。

站在一旁的翻译黄华,立即把彭德怀的话译给斯诺听,斯诺站起来拍着彭德怀的肩膀跷起大拇指连声说:“OK,OK,还能拿200万现大洋奖金呢!”

两个人的对话,使在场的人笑得喘不过气来。

彭总一挥手,招呼院子里几位干部,说:“走,就让他把我们的形象送给蒋介石吧!”

斯诺举起相机,拍下了一张6人合影照片。从左至右是:红一军团代理军团长左权、一方面军司令员兼政委彭德怀、红一军团政委聂荣臻、红一师师长陈赓、红一军团教育科长孙毅和一方面军参谋长聂鹤亭。

当年10月,斯诺回到北平。他把采写的文章、拍摄的电影和照片,陆续发往英美各国报纸、电台发表,对于扩大中国工农红军的影响起了巨大的作用。

次年,斯诺的力作《红星照耀中国》(即《西行漫记》)一书问世,上面所说的斯诺拍的那张6人合影照片收在该书内。此书出版后,在世界范围内引起轰动。

光阴似箭。10年、20年、30年过去了,这本书在世界各国印刷几十次、发行上百万册,流传甚广。但作者斯诺却未曾想到,由于他的笔误,竟把那幅6人合影照片上孙毅的名字写成了邓华。他这一误,转眼就是40多年。

直到1979年,孙毅的小外孙在翻看新出版的《西行漫记》时,发现那张照片上的“邓华”也留着小胡子,手拄棍子,他好奇地喊叫起来了,这好像是我姥爷呀?

小外孙去问他妈妈,妈妈找三联书店,三联书店派人去请80高龄的聂荣臻元帅辨认,聂帅毫不犹豫地说:“是胡子，那是孙胡子！”

事后，有记者问孙毅：“《西行漫记》问世多年，你为什么没有对斯诺的照片说明提出更正呢？”孙毅说：“我老汉是幸存者，是后死者，和死去的先烈比，我是只有从苦之劳，而乏建树之功，不必去计较那些。”自然，这才是一个大成者的做人处世之道。

骄矜者令人忌惮

永远做谦逊的人，实际上就是让自己做一个被人们认同和喜爱的人。

做一个谦逊的人就要戒骄矜。

骄矜，是指一个人骄傲专横，傲慢无礼，自尊自大，自以为是。具有骄矜之气的人，大多自以为能力很强，很了不起，做事比别人强，看不起别人。由于骄傲，则往往听不进去别人的意见；由于自大，则做事专横，轻视有才能的人，看不到别人的长处。

骄矜对人对事的危害性是很大的。这一点古人认识得十分清楚。

《尚书》里阐述道：骄傲、荒淫、矜持、自夸，必将以坏结果而结束。同样的看法在《说苑·丛谈篇》中也有：富贵不与骄傲相约，但骄傲自然而然地随富贵出现了；骄傲和死亡并没有联系，但死亡也会随骄傲而来临。

一代名君唐太宗对侍臣说：“天下太平了，自然骄傲奢侈之风容易出现；骄傲奢侈则会招致危难灭亡。”

唐代的杜审言，字必简，是杜甫的祖父。唐中宗时做修文馆学士，为人恃才自傲，曾对人说："我的文章那么好，应该让屈原、宋玉来做我的衙役，我的字足以让王羲之北面朝拜。"杜审言有些太自不量力了，所以被后世的人们所嘲笑。这样骄傲自夸只能是显出了他的见识短浅，并没有人认为他的才能真的有那么大。骄矜不忍只能是贻笑大方。

《劝忍百箴》中对于骄矜这个问题这样说："金玉满堂，莫之能守。富贵而骄，自取其咎。诸侯骄人则失其国，大夫骄人则失其家。魏侯受田子方之教，不敢以富贵而自多。盖恶终之衅，出于骄夸；死亡之期，定于骄奢。先哲之言，如不听何！昔贾思伯倾身礼士，客怪其谦。答以四字，骄至便衰。斯言有味，噫，可不忍?！"

这段话意思是说：金玉满堂，没有人能够把守住。富贵而骄奢，只会自食其果。国君对人傲慢会失去政权，大夫对人傲慢会失去领地。魏文侯接受了田子方的教诲，不敢以富贵自高自大。骄傲自夸，是出现恶果的先兆；而过于骄奢注定要灭亡。人们如果不听先哲的话，后果将会怎样呢？贾思伯平易近人，礼贤下士，客人不理解其谦虚的原因。贾思伯回答了四个字：骄至便衰。这句话让人回味无穷啊，怎么能不忍耐呢？

确实是这样。现代人最大的问题，就是骄矜之气盛行，千罪百恶都产生于骄傲自大。骄横自大的人，不肯屈就于人，不能忍让于人。做领导的过于骄横，则不可能很好地指挥下属；做下属的过于骄傲则会不服从领导。做儿子的过于骄矜,眼里就没有父母,自然不会孝顺。

骄矜的对立面是谦恭、礼让。要忍耐骄矜之态,必须是不居功自傲,自我约束,克制骄傲的产生。要常常考虑到自己的问题和错误,虚心地向他人请教学习。

自从电视连续剧《编辑部的故事》播出之后,剧中李冬宝的扮演者葛优,大红大紫,成为知名度很高的喜剧明星,各种片约接踵而至,影迷们称他为“葛大爷”,评论界更冠以“丑星”的称号。

面对成绩和荣誉,葛优并没有沾沾自喜,也不想当“葛大爷”和丑星。

一次,葛优出席影片《上一当》的首映式,一位记者采访他:“正是因为好多女性看中了你的幽默和潇洒,才觉得你是够档次的男爷儿们。现在市面上女同胞都亲切地叫你‘葛大爷’。”

葛优听罢忙说:“不敢,别这样称呼,让我折寿。虽然头上秃了点,还算个潇洒青年。再说,观众是上帝呀,咱不能把辈分颠倒了。若是‘上帝’经常来电影院欢度时光,那我情愿喊他们‘大爷’……我称不上‘丑星’,也不想当什么‘明星’。那玩艺儿晚上还有点亮,到白天就看不见了。”

葛优的回答极其幽默,又极其谦虚。

记得一位哲学家说过这样一句话:自夸是明智者所避免的,却是愚蠢者所追求的。

真正的明智者,之所以不会自吹自擂,因为他觉得宇宙广大,学海无涯,技艺无穷,终其一生,也不能洞悉其中的全部奥秘。

而一切平庸之辈,满足于一知半解,满足于点滴成绩,他们用富丽堂皇的话装饰自己,以讨得廉价的喝彩。

葛优是一位在艺术上有自己风格的喜剧演员，他拍的许多部电影和电视片,都受到了人们的普遍好评,表明了评论界和广大观众对他的认可和接纳。

葛优对自己的才能有充分的自信，但在公开的场合仍然非常谦虚,无哗众取宠之意,为自己赢得了良好的形象。

请记住,人们所尊敬的是那些谦逊的人,而决不会相信爱慕虚荣和自夸的人。

如果一个人喜欢自大自夸，就算是有了一些美德有了一些功劳和成绩,也会丧失掉;过分炫耀自己的能力,看不起他人的工作,就会失去自己的功劳。前面提到的贾思伯,武帝时任成王澄手下的军司。到肃宗和明宗时,又让贾思伯做侍讲,也就是老师。皇帝也跟贾思伯学《春秋》。贾思伯地位虽然很尊贵,但对下人很平易,对贤人很尊重。有人问他:“您为什么能做到不骄傲?”贾思伯说:“骄傲必然伴随衰败,天下哪有富贵恒定不变的道理?”当时人认为这是很高明的见解。

5.低调是做人的准入姿态

立身不高一步立,如尘里振衣,泥中濯足,如何超达;处世不退一步处,如飞蛾投烛,羝羊触藩,如何安乐?

这是《菜根谭》中关于如何处世的一种论述。这里讲处世要留有退一步的余地,本是一些有较高修养之士在功成名就以后所采取的一种明哲保身术,但众多的经验告诉我们,在很多情况下,做人还非低调一些不可。

俗话说“道有道法,行有行规”,为人处世也不例外,也有客观上的要求。为什么在现实生活中有的人功成名就善始善终,安享晚年,有的人虽然做出了惊人的成绩和贡献,到头来却身败名裂,不得善终呢?因为他们的处世方法不同,前者在做人方面采取的是低调,而后者却不注意这方面的修养,采取的往往是高调。须知,低调做人是跨进社会之门的准入姿态。

学会克制忍让

克制忍让是低调做人的又一要义,克制、忍让客观上要求抑制自己的情绪上限和行为上限,从而达到“息事宁人”和“留得青山在,不怕没柴烧”的处世效果。

古人说："行忍情性，然后能修"，又说："能忍则安，全身远祸"。所有这些论述，应该说特别适合于暂时在名利场上得意的人。

据说明朝苏州城里有位尤老翁，开了间当铺。一年年关前夕，尤老翁在里间盘账，急然听见外面柜台处有争吵声，就赶忙走了出来。原来是一个穷邻居赵老头在与伙计争吵。尤翁谨守"和气生财"的信条，先将伙计训斥一通，然后再好言向赵老头赔不是。赵老头板着面孔不见一丝和缓之色，靠在一边柜台上不再言语。挨了骂的伙计悄声对老板诉苦："东家，这个赵老头蛮不讲理，他前些日子当了衣服。现在，他说过年要穿，一定要取回去，可是他又不还当衣服的钱，我一解释，他就破口大骂。这事不能怪我呀！"

尤翁点点头，打发这个伙计去照料别的生意，自己过去请赵老头到桌边坐下，语气恳切地对他说："老人家，我知道你的来意，过年了，总想有身体面的衣服穿穿。这是小事一件，大家是低头不见抬头见的熟人，什么事都好商量，何必与伙计一般见识呢？你老消消气吧。"

尤翁不等赵老头开回辩解，马上吩咐另一伙计查一下账，从赵老头典当的衣服中找四五件冬衣来。尤翁指着这几件衣服说："这件棉袍是你冬天里不可缺少的衣服，这件罩袍你拜年时用得着，这三件棉衣孩子们也是要穿的。这些你先拿回去吧，其余的衣服不是急用的，可以先放在这里。"赵老头似乎一点儿也不领情，拿起衣服，连个招呼都不打，急匆匆地走了。尤翁并不在意，仍然含笑拱手将赵老头送出大门。

当天夜里，赵老头竟然死在另一位开店的街坊家中。赵老头的亲属乘机控告那位街坊逼死了赵老头，与他打了好几年官司。最后，那位街坊被拖得精疲力竭，花了一大笔银子才将此事大事化小，小事化无。事情真相很快透露了出来，原来赵老头因为负债累累，家产典当一空后走投无路就预先服了毒，来到尤翁的当铺吵闹寻事，以死来敲诈钱财。没想到尤翁一味忍让，他只好赶快撤走，在毒性发作之前又选择了另外的一家。

有人问尤翁凭什么料到老头儿会有以死来讹诈这一手，从而忍耐让步，避过了这一祸。尤翁说："我并没有想到赵老头会走到这条绝路上去。我只是根据常理推测，若是有人无理取闹，那他必然有所依恃。如果我们在小事情上不忍让，那么很可能小事情会变成大的灾祸。"街坊们听了这话，都十分佩服尤翁的处世态度。生活中像尤老翁一样因克制忍让而躲过灾难和困境的人，可以说他们更是善于生活的人。

古代有个叫韩琦的人，曾同范仲淹一道共行新政，北宋时长期担任宰相职位。

韩琦在定武统帅部队时，夜间伏案办公，一名侍卫拿着蜡烛为他照明。那个侍卫不小心一走神儿，蜡烛烧了韩琦鬓角的头发，韩琦没说什么，只是急忙用袖子蹭了蹭，又低头写字。过了一会儿一回头，发现拿蜡烛的侍卫换人了，韩琦怕主管侍卫的长官鞭打那个侍卫，就赶快把他们召来，当着他们的面说："不要替换他，因为他已经懂得怎样拿蜡烛了。"军中的将士们知道此事后，无不感动佩服。按理说，侍卫拿蜡烛照明时不全神贯注，把统帅的头发烧了，本身就是失职，韩琦责备一句也是应该的，即使不责备，挨烧时"哎呀"一声也难免。可他不但忍着疼没吱声，发现侍卫换人了还怕侍卫受到鞭打责罚，极力替其开脱。他这种容忍比批评和责罚更能让士兵改正缺点，尽职尽责，对他不肝脑涂地才怪呢？而且韩琦统帅的是一个大部队，事情虽小，影响却大，上上下下一知晓，谁不愿意为这样的统帅卖命呢?

韩琦镇守大名府时，有人献给他两只出土的玉杯，这两只玉杯表里毫无瑕疵，是稀世珍宝。韩琦非常珍爱、送给献宝人许多银子。每次大宴宾客时，总要专设一桌，铺上锦缎，将那两只玉杯放在上面使用。结果有一次在劝酒时，被一个官吏不小心碰到地上摔个粉碎。在座的官员惊呆了，碰坏玉杯的官吏也吓傻了，趴在地上请求治罪。可韩琦却毫不动容，笑着对宾客说："大凡宝物，是成是毁，是都有一定的时数的，该有时它就出来了，该坏时谁也保不住。"说完又转过脸对趴在地上的官吏说："你偶然失手，并非故意的，有什么罪呢？"这番话说得十分精彩！玉杯已经打碎，无论怎样也不能复原，责骂、痛打一顿肇事者吧，徒然多了一个仇人，众位宾客也会十分尴尬，好端端一场聚会便不欢而散，也会大大有损自己的形象。而韩琦此言一出，立刻博得了众人的赞叹，而肇事者对他更感激涕零，恐怕给他做牛做马也心甘情愿了。

元代吴亮在谈到韩琦时说:“韩琦器量过人，生性纯朴厚道,不计较疙疙瘩瘩一类的小事。功劳天下无人能比,官位升到臣子的顶端,但不见他沾沾自喜;他所担任的责任重大,经常在官场的不测之祸中周旋,也不见他忧心忡忡。不管什么情况下，他都能做到泰然处之，不被别的事物牵着走,一生不弄虚作假。在处世上,被重用,就立于朝廷与士大夫们公平议事;不被重用,就回家享受天伦之乐,一切出自真诚。”韩琦一生处于危险之地,而又一直立于不败之地,这是为什么呢?还是用他自己的话来回答吧:“天下之事,没有完全尽如人意的,一定要学会忍。不这样,连一天也过不下去。”即使是“君子和小人在一起时,也要以诚相待。只不过知道他是小人,就同他少来往罢了。”这就是韩琦处世高人一筹的秘密。从根本上说,韩琦已经把忍的精神作为立身之本,应用于生活中的方方面面。他能容忍同事的缺点,容忍部下的过失,也能容忍小人。他对社会看得很透,知道小人到处都存在,他不回避小人,主张以君子的姿态诚恳地去待小人,以正压邪。即使是小人捣鬼,也用不着耗神费力去和他计较,最好是不理睬他,让他自讨没趣。所以韩琦办起事来总是那样得体,让人赞叹。

谦和的姿态百战不殆

平和是一种心态,谦逊是一种美德。秉持平和的心态和谦逊的美德，自然能妥善地对待世间的人和事，既尊重自己,也尊重他人,既能处高,也能处低。这也是低调做人的另一要义。

要想树立谦逊平和的姿态，必须从以下几个方面修炼自己：

第一，以他人之长比自己之短，从而尊敬别人，向别人学习，从而在更大程度上完善自己。

第二，把成绩和荣誉让与别人，克制自己对名利的追逐。那些真正具有谦虚品德的人，总是能够在成功、荣誉面前退避三舍，把功劳归于他人，对名利、金钱、奖励等漠然置之。

第三，谦虚之所以是一种非常高尚的“忍”，还在于谦虚的表现有利于人们对自己作出公道而且善意的评价。每个人对自己都会有一定的认识，并在这个认识的基础上产生一种自我评价。这方面，有的人自我感觉特别好，有些人则十分糟糕。就前者而言，他们总是看到自己的长处和优势，有一种十分强的自信，从而总是表现得十分得意，对什么都喜欢发表看法，对任何事情都要插一手，有一种非常强烈的表现欲。相反，后者则事事看着自己的短处，害怕失误，觉得自己低人一等。于是便表现得十分沮丧，成天耷拉着脑袋，仿佛干错了什么事情似的。其实，这种人也往往是缺乏一种“忍”的态度。

一些领袖、名人已经为我们做出了表率，每一个人都有必要细细品味。

李贞是我国的第一位女将军。1990 年 3 月 11 日，李贞因病在北京逝世。她在遗嘱中交代：将平时节省下来的工资,一部分交党费,一部分捐献给宋庆龄儿童福利基金会,一部分捐献给甘泗淇(李贞的丈夫)的家乡湖南宁乡县做办学补助,最后一次表达了她对丈夫及其家乡的爱。

李贞逝世后,人们在含泪为她清理遗物时发现,这位经过长征的老战士,除了纪录她赫赫战功的4枚勋章耀眼夺目外,其他的遗物竟是那么俭朴。

室内4把藤椅,是李贞十几年前从湖南搬家时带到北京的,年深日久,已破烂不堪。公务员几次要扔掉,都被她拦阻了。李贞说:“莫扔,补一补,还能用一阵子。”一对已整整用了40年的皮箱皮质老化开裂,但她还是不肯换新的。在李贞的衣箱里,唯一的一件新衣物,是她80岁生日时,表孙女为她织的背心。直到躺上病榻,李贞才换下了那套60年代缝制的衣服。

李贞和丈夫甘泗淇没有孩子,但他们用自己的工资抚养了20多个烈士遗孤。他们留下了10000多元人民币和2000多元国库券,李贞还要求身边的工作人员交给组织,作为自己最后一笔党费和捐款,人们看着李贞将军的遗物清理单,禁不住失声痛哭起来。她怎能不让人伤感和敬佩呢?夫妻共为将军,生活却极其平民化,这可能也是他们经常被人们提及的原因吧。

历史上,毛泽东赔礼的事,更能体现伟人们尤其懂得低调做人的要义。

1943年4月,中共中央发出《关于继续开展整风运动的通知》,随后审干工作在当时党的队伍迅速扩大,这在国民党特务加紧活动的情况下是必要的，但却出现了因为主观主义而造成的大量冤假错案，尤其是康生在延安搞的“抢救”运动，造成干部人人自危。党中央和毛泽东及时发现了问题，不断纠正错误的做法，坚持一个不杀、大部分不抓的方针，又及时加以甄别，因而没有酿成大乱子。

对审干工作中出现的反特务斗争扩大化的错误，毛泽东主动地承担了责任。从1944年起，毛泽东不止一次地做公开的自我批评。

1944年5月，毛泽东向中央党校即将到前线去的学员讲话时指出：在整风中有些同志受了点委屈，有点气是可以理解的。但已经进行了甄别，还生气不讲团结，这就不好。整风中的一些问题，是则是，非则非，搞错了的，摘下帽子，赔个不是。说着，毛泽东向大家敬礼，并且说：我举起手向大家敬个礼，你们不还礼，我怎么放下手呢？全场同志深受感动，起立鼓掌。

正是这样谦和不武断，有错就改的办事、做人姿态使毛泽东赢得了人们的信任和尊重。

6.高标是处世的驰步尺度

所谓“捧着一颗心来，不带半根草去”，“以出世的精神来做入世的事情”，就是高标处世的标准。我们会发现，大凡低调做人者，其处事的标准都很高；大凡高标处世者,其做人的基调都很低。而且,他们又都将两者的相互关系处理得非常完美。

高标驰步,方能创出一世英名

身份和地位并不能限定人们的处世标准，这与人的修养境界密切相关。人的行为源于他的思想意识,即一个人的行为标准取决于他的处世标准,其处世的标准有多高,其驰步尺度就有多大。

历来在为人处世上就存在着两个极端,“黑”的极端和“红”的极端:“黑”是以厚黑为行为标准,比如说“宁让我负天下人,勿叫天下人负我”的曹操即是这一类;“红”是以淡泊名利为行为准则,比如说“横眉冷对千夫指,俯首甘为孺子牛”的鲁迅先生,即是这方面的代表。

彭德怀元帅也是“红”的代表。

1916 年,彭德怀投入湖南陆军第二师当二等兵,从此开始了他的戎马生涯。1927 年,彭德怀所在的湘军被改编为国民革命军第八军。由于彭德怀骁勇善战,年底,被任命为独立五师一团团长。

浩浩荡荡的大革命洪流激荡着中国，也给彭德怀以深深的震撼。在北伐战争中,彭德怀结识了时任一师政治部秘书长的共产党员段德昌。段德昌的宣传、启发、帮助给彭德怀以巨大的影响。彭德怀勇敢善战,所率军队以军纪好、战斗力强著称。驻地中共南华安特委对彭德怀思想倾向和所部开展革命活动的情况极为重视,设法同他取得了联系,并

选派地下党员到地的团部任文书，彭德怀则通过秘密士兵会员为南华安特委运送枪支。1928年4月，经段德昌介绍，在革命处于低潮的情况下，彭德怀光荣加入了中国共产党。

当彭德怀正式成为一名坚定的共产党人之际，独立五师奉命开赴平江，进行"剿共"。平江地处湘鄂赣三省要冲，为兵家瞩目之地。这时，反动派加强了对革命群众的镇压，阴云霾雨，整个山城处于一片白色恐怖之中。"哪里有压迫，哪里就有反抗。"面对敌人血腥的屠杀，英勇的平江人民奋起反抗。"山雨欲来风满楼"，当独立五师开进平江城时，那里正蓄积着新的革命风暴。

彭德怀利用其特殊身份，秘密进行革命活动。他争取当地保安武装到同情革命，使他们在外出"清乡"时，朝天放排枪，然后扔下枪支弹药，故意留给艰苦转战的游击队员。

7月18日，彭德怀得知南华安特委组织遭到破坏，反动派正在追查地下共产党员。在万分危急的情况下，彭德怀与滕代远立即决定举行起义。彭德怀负责武装起义的军事指挥，滕代远负责政治工作。彭德怀在誓师大会上大声宣布起义的目的是：打倒国民党反动政府，打倒土豪劣绅，解除反动武装，建立工农政府，成立工农红军。彭德怀号召全体士兵勇敢投身革命。士兵高呼口号，响应起义。

起义后宣布成立工农红军第五军，彭德怀任军长，滕代远任党代表。平江县委召集群众大会，庆祝起义胜利，宣布成立工农兵苏维埃政府。平江起义犹如沉沉黑夜中一声惊雷，炸响了整个湘鄂赣的上空，大大地鼓舞了处于革命低潮中革命者的斗志，同时也引起了反动当局的恐慌。敌人分兵几路围攻平江，彭德怀率红军主力，与敌周旋，艰苦作战，粉碎了敌人的“围剿”。

彭德怀领导全军通过建立政治部，加强士兵委员会工作，建立党代表制，加强连队、机关的宣传工作，使这支从旧军队中冲杀出来的部队巩固下来，战斗力不断提高，成为红军主力军队之一。后来，彭德怀、滕代远率红五军主力去井冈山与毛泽东、朱德率领的红四军会师。两军会师，声威更壮。

湘鄂赣反动军队加强了对井冈山的“围剿”。红军前委召开会议，决定朱德、毛泽东率红四军向赣南挺进，彭德怀率红五军留守井冈山。1929年，敌人以优势兵力围攻井冈山，红五军被迫突围。彭德怀率红军在大雪中忍饥挨饿，艰苦转战，队伍减员很大。面对严峻的形势，彭德怀坚定地说：“就是剩下我一个人，我也要举着红旗干到底。”铿锵的话语落地有声，大大地鼓舞了士气。

正是有了“就是剩下我一个人，我也要举着红旗干到底”这样一个高标，才造就出一个“横刀立马”的彭大将军。

追求什么就能得到什么

一个人迷恋什么，追求什么，他的人生目标就是什么。一个把纸醉金迷、灯红酒绿当作人生唯一乐趣的人，你能指望他志存高远、成就英名吗？一个爱慕虚荣、不顾廉耻的人，你能期盼他公道正派、诚实守信吗？不能，绝对不能。而只有

那些高标处世的人才能既处理好自己的事情，又能处理好与他人的关系,从而走出一条利人利己、美满幸福的人生之路。

人生的路总是按照自己设立的目标铺设出来的。

有一些人把人生目标设在了想当阔人上,史蒂芬·里柯克有个调查,他说：

我首先得承认写此文时手头并没有充分的资料。我生平不曾认识或见过任何阔人。时常我以为碰见了几位,后来才发现并不是。他们一点也不阔,简直穷得厉害。他们经济上拮据得要命,捉襟见肘,甚至不知道该到哪儿去筹上一万元。就我所调查过的情况而言,这种错觉时常发生。我往往根据某家雇用十五名仆人的事实,就以为他们必然很阔,也曾由于一位太太坐着高级轿车去买一顶价值五十元的帽子,就以为她的家道必然很殷实。但细一考察,所有这些人都不阔。他们喜用的字眼似乎是“一筹莫展”。每逢我在剧院包厢里看到几个珠光宝气的人们，我就晓得他们必然统统是“一筹莫展”的。至于他们坐高级轿车回家这一事实,是与此无关的。

一个每年有两万元进项的家庭也对我这么说，他们是没法同阔人比的，想尝试一下也白搭。有位我很敬重的朋友,他每年从律师这行当中有五万元收入。他极其坦率地告诉我,他发现自己压根儿不可能跟阔人比。他说,不如接受这个严酷的事实:他穷。他说,他只能请我吃顿家常便饭,就是他所谓的“家宴”。席间三名男仆和两名女仆给端菜。他求我不要见怪。

据我记忆所及，我同卡内基先生从没谋过面。不过，倘若我见到他，他一定会对我说，他发现实在没法同洛克菲勒先生比阔，毫无疑问，洛克菲勒先生也有同样的感觉。

然而天底下准有——必然有阔人。我不断地看到这种迹象。我工作的那座大楼的门卫告诉我说，他在英国有个阔表哥，在西南铁路上干活，每周挣十镑。他说，铁路公司简直没他不行。同样，我们家里那位洗衣妇也声称有个阔叔叔。他住在温尼伯。他住的房子产权完全属于他，还有两个读中学的女儿。

然而这仅仅是我听到的阔人的例子。确不确实，我可不敢担保。

因此结论就是：阔人要经受穷人所无法得知的严峻考验和悲惨遭遇。

首先，我发现阔人得成天为钱而发愁。一天之内英镑兑换率下跌十点，穷人照样舒舒服服地坐在家里。他们在意吗？一点儿也不。

阔人时时刻刻在为钱而发愁。可见阔人也不幸福。

另有一些人把人生目标立在了虚荣和面子上。

研究精神病的学者告诉我们：虚荣是人生的矛盾，人类的特征，它很可怕，而且这可怕的范围几乎是无限的。

要想在世界寻找一个毫无虚荣的人，这和要想寻找一个内心毫不隐藏低劣感情的人一样困难。基于这一事实，我们就知道在这两者之间，必有一种密切的关系；研究的结

果，证明我们的推测并没有错，原来所谓的虚荣，只不过是人们想借它来遮掩他们低劣的心理罢了。哲学家和诗人之所以猛烈攻击虚荣，是因为它不但使个人直接受其损害，而且整个人类的文明莫不间接受其阻碍。

约翰讥笑杰克，说他的头发是红的，很不体面，而对于自己的黑发，很觉得光荣自大。杰克因自己的头发遭到约翰的嘲笑而感受到侮辱，觉得痛苦极了，他便设法挽救，竭力寻找约翰的弱点，于是他反驳道："我的头发虽然是红的，可是我的父亲有一辆凯迪拉克的上等汽车，而你的爸爸却只有一辆普通的福特车。结果是约翰和杰克成了对头，正常的社交关系，就为了虚荣而丧失了交往。

这个故事，可以说是整个人类历史的故事，从古至今，人类的舞台都在上演着这个故事。白种人自夸他比全世界有色人种都优胜；男人自夸他比一切女人都荣幸；美国人向德国人自夸；德国人向波兰人吹牛；波兰人向匈牙利人逞强；而匈牙利人以为他比蒙古人厉害；蒙古人也不肯示弱。虚荣的圈子是整个的，无怪敏感的诗人要说："虚荣，虚荣，世界上一切都是虚荣！"

虚荣的方式很多，像不同的人种、身体、乃至眼球的颜色、鼻头的大小等，都可以作为表现虚荣的资本。土耳其的女人，他们以肥胖为荣；而美国的女人，却以瘦长为美。不同虚荣所表现的形式如何，都是虚荣罢了！

"骄者必败"，俄国沙皇时代的贵族，他们的虚荣是坚不可摧的，他们追溯远代的祖先，以及历史上无稽的英雄，用以威压着善良的平民，这样，他们自以为他们高贵的地位，总不至于动摇了。谁知道到了现在，这些得意的贵人，很可能在君士坦丁堡污秽的酒店里洗菜洗碗呢！近年来世界的不景气，很明白很悲惨地告诉我们：以金钱势力为根据的虚荣，已经到了日暮途穷快要毁灭的时候了。有一个女人，以为自己很美丽，特别傲人，可是忽然有一天她的面部患了一个毒疮，医生虽然救了她的性命，可从此她的面部便留着一个疤痕，不能再因美丽而傲人了。又有一个好斗拳的人，无意中踏着了香蕉皮滑跌一交，跌伤了脊骨，现在，他再也不能用他的拳术来自傲了。总之，无论哪一种自大，都没有绝对的安全。

7.由卑而尊是成功做人的正向逻辑

水往低处流，人往高处走。由卑微而至尊贵，这是一个人走向成功与卓越的正向逻辑。因此，开始时的卑微并不是低贱和耻辱，而是抵达尊贵的必要过程。

欲做尊贵人，先做卑微事

一般而言，生而高贵的人只占人群中一个极小的比例，芸芸众生中的绝大多数人却没有这般好命。所以，小百姓们只能正视这个现实，从卑微处起步，历经艰辛坎坷才能由卑而尊。

但是要从为人处世这个大概念来讲,“欲做尊贵人,先做卑微事”也包括那些原本就是尊贵的人,要做到与自己的身份名副其实的话，也不能看轻自己所做的一些卑微之事或鄙夷做卑微之事的人，真正的尊贵之人是不惜做卑微之事的人。

1917 年 1 月 4 日,一辆四轮马车驶进了北京大学的校门,徐徐穿过校园内的马路。

这时，早有两排工友恭恭敬敬地站在两侧，向蔡元培——这位刚刚被任命为北大校长的传奇人物鞠躬致敬。

只见新校长缓缓地走下马车,摘下自己的礼帽,向这些校园里的杂工们鞠躬回礼。

在场的人都惊呆了，这在北京大学可是从未有过的事情,北大是一所等级森严的官办大学。校长享受内阁大臣的待遇,从来就不把这些工友放在眼里。但是,今天的这位新校长是怎么了?

像蔡元培这样地位显赫的人向身份卑微的工友行礼,在当时的北大乃至中国都是罕见的现象,这不是件小事,而蔡元培先生由此变得卑微了么?没有,恰好相反,北大的新生由此开始,树起了一面如何做人的旗帜。

有一位留美计算机博士学成后想在美国找份工作。有个名正言顺的博士头衔,求职的标准当然不能低。结果,他连连碰壁,好多家公司都没录用他。想来想去,他决定收起所有的学位证书,以一种“最低身份”去求职。

不久他就被一家公司录用为程序输入员。这是一个极平常的工作,对他来说简直是高射炮打麻雀,但他仍然干得认认真真,一点儿也不马虎。不久,老板发现他能看出程序中的错误,这可不是一般的程序输入员能比的。这时他才亮出了学士证,老板给他换了个与学士学历相称的工作。

过了一段时间,老板发现他时常提出一些独到的有价值的建议,远比一般大学生要强些,这时他亮出了硕士证书,老板见后又提升了他。

再过了一段时间,老板觉得他还是与别人不一样,就对他“质询”,此时他才拿出了博士证。这时老板对他的水平已有了全面的认识,毫不犹豫地重用了他。

这位博士最后的职位,也就是他最初理想的目标。

这个博士的办法是聪明的,他先降下身份和架子,甚至让别人看低自己,然后寻找机会全面地展现自己的才华,让别人一次又一次地对他刮目相看,他的形象慢慢变得高大起来。

与这位博士生不同,华勒是通过奋斗由卑微到尊贵的典型。

华勒现在是堪斯亚建筑工程公司的执行副总裁,几年前他是作为一名送水工被堪斯亚的一支建筑队招聘进来的。华勒并不像其他的送水工那样把水桶搬进来之后就一面抱怨工资太少一面躲在墙角抽烟,他给每一个工人的水壶倒满水,并在工人休息时缠着他们讲解关于建筑的各项工作。很快,这个勤奋好学的人引起了建筑队长的注意。两周后,华勒当上了计时员。

当上计时员的华勒依然勤勤恳恳地工作，他总是早上第一个来，晚上最后一个离开。由于他对所有的建筑工作比如打地基、垒砖、刷泥浆等非常熟悉，当建筑队的负责人不在时，工人们总喜欢问他。一次，负责人看到华勒把旧的红色法兰绒撕开包在日光灯上，以解决施工时没有足够的红灯来照明的困难，负责人决定让这个勤恳又能干的年轻人作自己的助理。

现在华勒已经成了公司的副总，但他依然特别关注于工作，从不说闲话，也不参与到任何纷争中去。他鼓励大家学习和运用新知识，还常常拟计划、画草图，向大家提出各种好的建议。只要给他时间，他可以把客户希望他做的所有的事做好。

华勒没有什么惊世骇俗的才华，他只是一个穷苦的孩子，一个普普通通的送水工，但是凭着勤奋工作的美德，他幸运地被赏识，并一步一步地成长，成为一个受人尊敬的人。

放下架子才会更有面子

摆谱，端架子，拿身份，正是某些人“维护尊严和面子”的拿手戏，因为太多做作和矫情，总透着一股“酸”气，格外招人反感和厌恶。岂不知“尊严”和“面子”并不是靠这等办法来维护的，只有放下架子才会更有面子。

1973 年 9 月 16 日，周总理陪同法国总统蓬皮杜访问杭州。在西湖旁的植物园参观结束后，周总理送别了客人，在返回招待所的路上，他对身边的工作人员说："去楼外楼看看，请你们在那里吃饭。"于是大家来到了楼外楼。

不巧，已经过了营业时间。总理就让警卫人员高振普进去先看看，问问还卖不卖饭。高振普走进饭店，看到没有顾客吃饭，只是饭店的服务人员在一边吃饭一边聊天。高振普问一位服务员还有没有饭吃，一位年纪较大的师傅对他说："有几位？先进来坐下再说。"

高振普刚要转身去请总理，就听有人喊："总理来了，总理来了！"周总理进了饭店，大家抢着与总理拉手，饭店的负责同志请总理上楼，周总理对他们说："很久没来你们这里了，今天我带几个人一起来吃顿饭。他们都是从北京来的，有的没到过你们饭庄。"

其中的一位负责人说："欢迎，欢迎。请总理和同志们先坐下等一等，我们马上备饭。"

周总理问："有什么菜？"他回答说："有西湖醋鱼，叫花子鸡没有了，现在做来不及。"周总理和蔼地说："有醋鱼就可以了，这是你们的名菜，再配两个菜就行了，不要搞多了。我们就这几个人，搞多了，吃不完，浪费。"

饭菜很快上来了，周总理一边吃一边向身边的工作人员讲述他过去来饭店的情景。当吃到西湖醋鱼时，饭店负责人问总理味道怎么样，总理称赞道："这种做法很好，味道鲜美。"接着，总理询问了西湖的水质情况，他一再强调，要保持西湖水质的清洁，保住这西湖醋鱼的美味名声。

吃过饭，高振普去结账，回来后周总理问他付了多少

钱,他拿着发票对总理说:“10元1毛。”

周总理说:“太少了,这样他们会赔光的,再去加钱。”可饭店的负责人推辞不再收钱。

周总理说:“你不收钱,我就不走了。”于是饭店又收下10元钱。周总理看到高振普拿着第二次付款的发票,才起身下楼。高振普小声问一位服务员,其他客人吃这一餐饭,需要付多少钱。服务员回答要30元左右。

在回住所的车上,周总理批评道:“他们这种做法不好,应当按照实际价格收费。看上去他们是对我们好,实际是帮倒忙,这种风气什么时候才能改呀。我看付了20元钱也不一定够。”于是高振普就把了解到的实际价格告诉了总理,周总理听后,严肃地说:“你告诉他们,以后不准这样做,你再去补交他们钱。”

因为下午还有别的事情,高振普没能去饭庄补钱,就把10元钱交给了省接待处的同志,请他们转交。

不久,高振普收到了“楼外楼”饭庄寄来的信。信中叙说了接待周总理的愉快心情,特别是总理对自己的严格要求以及处理这件事的认真态度,他们深受教育。随信还附了一张当时做菜的用料清单和价格表,全部费用为19元多一些,再加上加工费,30元足够了。高振普拿着这封信向周总理作了汇报。周总理笑着说:“这就对了,不能搞特殊。”

周总理没有一点“老爷”的架子,走到哪都受到人民的欢迎和称赞。

从周恩来身上,我们已经看到了低调做人与高标处世的完美结合。凡是尽心尽力于这种结合者,其人生步履必然积极而阔大,其人生天地必然恢宏而壮丽。

8.由低而高是成功处世的二元方程

大凡低调做人者,往往都是高标处世的典范;大凡高标处世者,往往都是低调做人的大师。既能高标处世,又能低调做人,其成功也就有了充分而可靠的保障,两者的有机组合当为人生最完美的方程式。

低基调做人并非低标准立世

我们强调低调做人,决不是要人低标准做人,要知道,不论身处哪一个社会层面,都可以成为高标处世的典范。

伊丽莎白二世刚继承王位时,所遇到的第一位英国首相便是年近8旬的邱吉尔首相。邱吉尔自己曾经担心和女王能否合作得很好,在首相眼里,女王还是个毛孩子。然而,经过几次会面和交谈之后,邱吉尔彻底改变了态度,因为他发现,这位年轻的女王不仅懂政治,而且分析问题也相当透彻。邱吉尔不止一次地赞叹道:“一个多么迷人,多么聪慧的少妇啊!”

女王每一次和首相会面的时间虽然不长,但女王听得非常认真。女王在听首相的汇报时,大多数情况下不轻易用语言表示自己的观点,更不会将自己的某些想法、建议强加

给首相、强加给政府。伊丽莎白二世有着非凡的自制力,她对自己的感情的控制能力是一般人根本无法做到的。她自幼养成的这种低调而内向的性格，使她在几十年女王生涯中始终保持着一种沉稳的作风。

伊丽莎白二世虽然是一国之主，堪称世界上最富有的女人,但她却喜欢朴素和自然,这一点不仅体现在女王的衣着上,还表现在女王对生活的追求上。当有人问她喜欢哪一种人的生活时,女王回答:“一个住在乡间,拥有很多马和狗的妇人。”正因如此,女王常常穿上厚厚的棉袜和结实耐用,但并不时髦的鞋子在田野、乡间跋涉。在繁忙的工作、政务之余,女王经常去打猎、钓鱼,追求她所喜爱的乐趣。

女王对普通人的平常生活的向往，有时似乎不被人理解，但女王对这种生活的喜爱却非同寻常。在大庭广众之下,女王保持着自己国家的尊严和王室特有的高贵,而许多场合，女王的日常生活与那些普普通通的英国家庭妇女没有太大的差别。有一次,一个人看到女王在厨房亲自动手剁肉时,完全惊呆了,竟然不知道如何称呼女王才好。因为在这个人的心目中,“神圣”的女王还用得着亲自到厨房动手剁肉吗？女王经常以普通人的心态对待生活、投入生活,普通人所有的一切,在女王身上都有体现。

王室的生活是富有的、豪华的,甚至是任何人都无法比拟的。女王自己拥有的特制的豪华衣服可以装满5个房间，但她除了必要的场合之外，都是穿已经有了点磨损的衣服：一件旧了的夹克衫,一条斜纹软呢裙,一双普普通通的靴子。

1948年,当女王的长子查尔斯王子诞生后,人们发现,小王子所用的吊床是一个有上百年历史的旧吊床;而这位王子所用的婴儿车也是旧的,是王子母亲和姨母玛格丽特公主小时候用过的旧婴儿车。

女王是当今英国至高无上的权力中心,政府的各级官员、首相都是她的仆人,但女王除了用得体的行为证明王室的尊严外,都是低姿态地与人民保持平和的关系,其结果,她更得到了人民的爱戴。女王曾说过:如果什么时候,英国人民不需要国王了,我们会悄悄离开。然而,尽管社会已经发展到了二十一世纪,英国人民还从心里需要"国王"。

跻足山顶上,依旧尘世间

给自己的事业设定一个更高的标准,然后摸爬滚打,全力以赴,待到功成名就,是否就完事大吉了呢?没有,还有一个回归低调做人的过程。既能高标处世,又能低调做人,才能真正算得上圆满的人生。一个人不管爬得多高,也依然不能脱离尘世,也依然饱食人间烟火。所以,即便取得了令人瞩目的大成就,也依然应该把自己看成一个平常人。

香港的陈清伟先生写了一本很生动的《成龙及他的电影》。他说:"在数十年前,大家都讲书香世家,讲富贵世家,以成龙这样的出身,在那个年代,肯定不容易被接受。但今日完全不同了,低微出身,力攀高位,正是现代都市的美梦。成龙就圆了这样一个成功梦。"

正如中国哲人孟子所说"天将降大任于斯人也,必先苦

其心志，劳其筋骨，饿其体肤”，成龙的成功正是这句话的生动写照。

成龙原名陈港生，因为他是在香港出生的。他父亲是香港法国领事馆的低层职员，因为转到澳洲的美国领事馆工作，不能带小孩子一起去，成龙6岁多就被送到京剧泰斗于占元处寄宿学艺。成龙7岁时，父亲到了澳大利亚；一年多后，母亲也到了异邦，每两年才回港一次，留下成龙一个小孩子在香港自求“生存之道”，由此成龙走上了自主的道路。

根据成龙回忆，他跟随于师傅学艺的时候，60来个小朋友挤在一起食宿，共同使用一个洗手间；他们是不刷牙的，因为没有时间；穿鞋一个星期也不脱下来，恶臭难当；每个孩子头上都长满了癞痢疮；他们好像孤儿一般，每隔若干时间就排队去领取红十字会分发的那些米、奶粉等救济品。这班小学徒，每天清晨5时起来，一直练到半夜12点。因为太累了，要争取睡眠时间，所以不刷牙，也不脱鞋脱袜。5小时的睡眠时间对一个成长中的小孩着实不够，所以，很多时候，成龙练压腿时，就架着腿打瞌睡；人家念书的时候，他就坐在教室后面睡觉。

童年让成龙受到了许多锻炼。

于师傅是位“严师”，时时打“高徒”，每个都打，天天都打，只有过年过节时才稍微“收手”。成龙与他的师兄弟洪金宝、元彪等人，时常在街上闯祸打人。因为他们刮光头，被很多人视为不吉利，语出挑衅并向他们掷石头。这正好让这一班“光头仔”有一个发泄愤怒的机会，于是，他们会一窝蜂地拥过去将“挑衅者”打得头破血流。

为了替师傅赚钱，成龙等人在邱德根经营的荔园游乐场表演，一做就是数年，1 年 365 天，天天不停。17 岁，成龙正式满师。他曾说过：“刚满师时，在潜意识中对父母有点不高兴，他们为什么到澳洲去了不理我？其他师兄弟，每个星期，至少也在两个星期内，就有家人来探访，带他们出去，而我则没有。”

这种潜意识的怨恨感、被遗弃感，会令一个普通人产生自卑而终生被压得透不过气来，整天自怜自悯，怨天尤人，但成龙没有这样。相反，他的成名，是由于他《醉拳》系列影片中那些“童年往事”式的辛酸练功场面触发起观众的投入感，激发起观众高昂的“斗志”。成龙由此走上了自创和挑战自我的道路。

成龙辛酸的童年至少年期，他的父母、师傅，都可以说是生命交给他的“酸柠檬”。但他不埋怨，他那苦中寻乐的性格令他“戏剧人生”般地发挥创作力，在《笑拳怪招》《师弟出刀》等影片里，将痛苦的童年戏剧化为受恶人欺侮，苛刻的师傅演变为老顽童式的恩师——他将“酸柠檬”精心制成为可口的“柠檬汁”，使他平地一声雷，成为李小龙之后最受欢迎的武打明星。

陈港生之所以“成龙”，是因为他不为童年背景所挫，不受少年艰苦所折，自我奋发，不知不觉之间，替自己塑造了一个“自我创造”的性格。

希尔博士说：“勇气就是跳离恐惧那一步。”对成龙来

说，他凭着勇气跳离了不知多少恐惧，拍出那些脍炙人口的高难度动作镜头；他屡次受伤，仍然坚持冒险向死神挑战，树立起独一无二的风格，获得广大观众的喜爱。成龙的影片，是激发勇气斗志的娱乐片，也是现身说法，教人发挥潜力，克服“不可能”障碍的教材。

成龙说：“最大的挑战是挑战自己。”他又说：“这是我的人生，拍戏要拍得最好……吃饭也要弄得最好，这样社会才有进步。以前认为自己是明星，骄傲过，胜利冲昏了头脑，不可一世。慢慢地，我开始感到自己还只不过是一个平常人而已。”成龙已经完成了由高标向低调的转化回归。

真正有身份、有地位、有成就的人，因为站在了人生的高处，其境界自然比常人更高一些。他们将高标处世与低调做人合二为一，水乳交融，为后来者提供了良多启迪。